FIRMES

CLAVES PARA LA PERMANENCIA EN LA FE

La misión de *Editorial Portavoz* consiste en proporcionar productos de calidad —con integridad y excelencia—, desde una perspectiva bíblica y confiable, que animen a las personas a conocer y servir a Jesucristo.

Título del original: *Stand* © 2008 por Desiring God y publicado por Crossway Books, una división de Good News Publishers, Wheaton, Illinois 60187 Traducido con permiso.

Edición en castellano: *Firmes: Claves para la permanencia en la fe* © 2020 por Desiring God y publicado por Editorial Portavoz, filial de Kregel Publications, Grand Rapids, Michigan 49501. Todos los derechos reservados. Publicado previamente bajo el título: *Cómo perseverar hasta el final*.

Traducción: Beatriz Fernández

Ninguna parte de esta publicación podrá reproducirse de cualquier forma sin permiso escrito previo de los editores, con la excepción de citas breves en revistas o reseñas.

A menos que se indique lo contrario, todas las citas bíblicas han sido tomadas de la versión Reina-Valera 1960, © Sociedades Bíblicas Unidas. Todos los derechos reservados.

Las cursivas en los versículos son énfasis de los autores.

EDITORIAL PORTAVOZ
P.O. Box 2607
Grand Rapids, Michigan 49501 USA
Visítenos en: www.portavoz.com

ISBN 978-0-8254-5960-5

1 2 3 4 5 / 24 23 22 21 20

Impreso en los Estados Unidos de América
Printed in the United States of America

A
John MacArthur

*cuya vida y ministerio perseveran
en la Palabra de Dios*

Contenido

Colaboradores	7
Introducción	11
Justin Taylor	
1 Cuatro elementos esenciales para terminar bien	16
Jerry Bridges	
2 Envejecer para gloria de Dios	37
John Piper	
3 Certezas que conducen a un ministerio duradero	50
John MacArthur	
4 Decisiones diarias acumulativas, valor ante una causa y una vida de perseverancia	73
Randy Alcorn	
5 Una cosa	99
Helen Roseveare	
Una entrevista con Randy Alcorn, Jerry Bridges, John Piper y Helen Roseveare	118
Justin Taylor	
Una entrevista con John Piper y John MacArthur	132
Justin Taylor	
Notas	149
Desiring God: Una nota sobre los recursos	153

Colaboradores

Randy Alcorn es el fundador y director de Eternal Perspective Ministries (EPM). Antes de fundar EPM en 1990, sirvió como pastor durante catorce años. Ha dado charlas por todo el mundo y enseñado en las universidades adjuntas de Multnomah Bible College y Western Seminary en Portland, Oregón. Randy es un autor de éxito con veintisiete libros, entre ellos las novelas *A salvo en casa* y *Deception* [Decepción]. Algunas de sus catorce obras, no de ficción, son: *Money, Possessions, and Eternity* [Dinero, posesiones y eternidad]; *El principio del tesoro*; *El principio de la pureza*; *Entre la gracia y la verdad*; *¿Por qué en favor de la vida?* y *El cielo*. Randy ha escrito para muchas revistas y produce la popular publicación periódica *Eternal Perspectives* [Perspectivas eternas]. Padre de dos hijas ya casadas, Randy vive en Gresham, Oregón, con su esposa y mejor amiga, Nanci.

Jerry Bridges es un conocido escritor cristiano y conferencista, cuyo libro más famoso, *En pos de la santidad*, ha vendido más de un millón de copias. De sus nueve libros publicados, ha vendido más de dos millones y medio de copias y han sido traducidos y editados en dieciséis idiomas. Además de su ministerio como escritor, Jerry sirve como profesor invitado en varios seminarios y da conferencias por todo el mundo. Ha formado parte del personal de The Navigators [Los navegantes] desde 1955 y, en la actualidad, trabaja como personal de apoyo para The Navigators University Students Ministry en EE. UU. Jerry se graduó como Doctor Honorario de Divinidad en Westminster Theological Seminary. Él y su esposa, Jane, tienen dos hijos ya casados y seis nietos, y viven en Colorado Springs.

John MacArthur, popular autor y conferencista, ha servido como pastor-maestro en la Grace Community Church en Sun Valley, California, desde 1969. John es un pastor de quinta generación, y su ministerio en el púlpito se ha extendido por todo el mundo a través de su ministerio, Grace to You [Gracia a vosotros], y sus oficinas principales en Australia, el Canadá, Europa, la India, Nueva Zelanda, Singapur y Sudáfrica. Además de producir diariamente programas de radio en inglés y español para casi dos mil cadenas en todo el mundo, Grace to You distribuye libros, software, cintas y CD. En treinta y seis años de ministerio, Grace to You ha distribuido más de trece millones de CD y cintas. John es el presidente de The Master's College y The Master's Seminary, y ha escrito cientos de libros y guías de estudio. Entre sus títulos más famosos, se encuentran *El evangelio según Jesucristo*; *Avergonzados del evangelio*; *Doce hombres comunes y corrientes*; y *La Biblia de estudio MacArthur*, que recibió en 1998 el premio ECPA Gold Medallion. John y su esposa, Patricia, tienen cuatro hijos mayores y catorce nietos.

John Piper es pastor de predicación y visión en la Iglesia Bautista Bethlehem en Minneapolis. Creció en Greenville, Carolina del Sur, y estudió en Wheaton College, donde sintió por primera vez el llamado para entrar en el ministerio. Se graduó en el Seminario Teológico Fuller (Bachiller en Divinidad) y en la Universidad de Munich (Doctor en Teología). Durante seis años, enseñó Estudios bíblicos en Bethel College en Saint Paul, Minnesota, y en 1980 aceptó el llamado para servir como pastor de la Iglesia Bautista Bethlehem. Ha escrito, entre otros libros, *Sed de Dios*; *No desperdicie su vida*; *Dios es el evangelio*; *Batallando con la incredulidad* y *Lo que Jesús exige al mundo*. Está casado con Noël y tiene cuatro hijos, una hija y ocho nietos.

Helen Roseveare nació en Inglaterra en 1925. Mientras estudiaba Medicina en la Universidad de Cambridge en 1945, nació de nuevo y se unió a la sociedad misionera WEC International en 1950. Luego partió para el Congo belga en 1953. Helen sirvió primero bajo el gobierno colonial belga, después durante el período de transición a la independencia, más tarde en la etapa de la guerra civil en 1965 y, finalmente, cuando se transformó en el Zaire (renombrada como República Democrática del Congo). Durante los siguientes veinte años, Helen sirvió estableciendo un hospital rural, varias clínicas rurales y una escuela de formación para trabajadores paramédicos nacionales. También se involucró en la creación de un gran hospital de internaciones intermisionero y en un instituto para entrenamiento de enfermeras y parteras. Desde 1973 ha servido en WEC International como trabajadora delegada, hablando a jóvenes, a estudiantes universitarios y a grupos de iglesias de todo el mundo de habla inglesa, retándoles a considerar el llamado de Dios para sus vidas como un trabajo a tiempo completo. También ha escrito varios libros para su misión, subrayando los principios de la vida cristiana y del trabajo misionero.

Justin Taylor es el director de proyectos y editor supervisor de ESV Study Bible (2008), y editor asociado de Crossway Books. Junto con Kelly Kapic, ha realizado nuevas ediciones de dos obras clásicas de John Owen: *Overcoming Sin y Temptation* [Superar el pecado y la tentación] y *Communion with the Triune God* [Comunión con el Dios trino]. Y con John Piper ha editado algunos libros de las conferencias Deseando a Dios: *A God-Entranced Vision of All Things* [Una visión divina de todas las cosas]; *Sex and the Supremacy of Christ* [El sexo y la supremacía de Cristo]; *El sufrimiento y la soberanía de Dios* y *La supremacía de Cristo en un mundo postmoderno*. Tiene un blog diario, *Between Two Worlds* [Entre dos mundos] (http://theologica.blogspot.com). Él y su esposa, Lea, tienen tres hijos.

Introducción
Justin Taylor

John Piper recientemente relató la fe inquebrantable de su padre, incluso en sus últimos años:

> Aun en sus últimos años de demencia senil, él se regocijaba. El último mes en que fue capaz de escribir en su diario (abril de 2004), escribió: "Pronto cumpliré ochenta y seis, pero me siento fuerte, y mi salud es buena. Dios ha sido muy generoso conmigo, y no merezco su gracia y paciencia sin igual. *Cuanto más viejo me hago, más valoro al Señor*".[1]

Lee una vez más la línea final, despacio. ¡Qué frase tan impresionante!; a pesar de su demencia senil, él valoraba cada vez más la presencia de Cristo. Uno de los propósitos del libro que tienes entre tus manos es animarte y formarte para que puedas escribir con sinceridad una frase de ese tipo —y creer en ella— en la etapa final de tu vida.

¿Qué significa perseverancia y constancia?

Una de las mejores definiciones bíblicas sobre el camino de la perseverancia y la constancia la proporciona la frase del apóstol Pablo: "No que lo haya alcanzado ya, ni que ya sea perfecto; sino que prosigo, por ver si logro asir aquello para lo cual fui también asido por Cristo Jesús" (Fil. 3:12). Empezando por el final, podemos señalar tres verdades que nos enseña aquí: en primer lugar, el fundamento de la perseverancia de Pablo (y de la nuestra) es haber sido asidos por Cristo. Jesús nos dice lo que les dijo a sus discípulos: "No me elegisteis vosotros a mí, sino que yo os elegí a vosotros..." (Jn. 15:16). Cristo es quien inicia esta relación. Segundo, todavía no hemos llegado. No hay una llegada final previa —cualitativa o temporal— a ese estar frente a frente ante Dios mismo. Estamos en camino, todavía en medio de la lucha, todavía corriendo en la carrera. Dios comenzó en nosotros "la buena obra", pero no "la perfeccionará hasta el día de Jesucristo" (Fil. 1:6). Finalmente, a pesar de que es una obra de Dios, se realiza *a través de* nuestro trabajo, no *en lugar de* nuestro trabajo. Pablo dice que debemos "proseguir" para poder asir aquello para lo cual fuimos asidos por Cristo.

Partiendo de esta enseñanza, el teólogo John Murray nos propuso una definición para tomar en cuenta todo el testimonio bíblico sobre este tema: "La perseverancia es el compromiso de nuestra persona en la devoción más intensa y concentrada hacia aquellos medios que Dios ha ordenado para la consecución de su propósito salvador".[2] Observemos una serie de cosas: primero, la perseverancia implica no solo una parte de nosotros (la mente, el cuerpo o el espíritu), sino todo nuestro ser, toda nuestra persona. Segundo, implica la "devoción más intensa y concentrada". Nadie debería quedarse a la deriva camino hacia la meta. Implica un esfuerzo serio (¡de ahí que Pablo lo compare con una lucha y una carrera!). Tercero, la devoción intensa y de toda la persona solo será tan buena como lo sea su objetivo. Por eso, Murray deja claro que la devoción debe ser hacia "aquellos medios que Dios ha ordenado para la consecución de su propósito salvador". Los cristianos perseverarán por la gracia de Dios utilizando los medios de Dios ("especialmente la Palabra, los sacramentos y la oración")[3] para extender la gloria de Dios.

Perspectiva general de los colaboradores

De acuerdo con Filipenses 3:12, ninguno de los colaboradores de este libro afirmará haber obtenido ya una santificación completa; pero todos ellos prosiguen para asir aquello para lo cual fueron asidos por Jesucristo.

Observarás que cada uno de los colaboradores tiene décadas de experiencia en caminar con Jesús. Helen Roseveare nació en 1925; Jerry Bridges, en 1928; John MacArthur, en 1939; John Piper, en 1946. Randy Alcorn es el más joven del grupo, nació en 1954. Como alguien que es algunos años más joven que estos santos sabios, creo que sería un gran error pensar que este es un libro solo para gente mayor. Todos los cristianos, sin importar la edad, queremos seguir siéndolo hasta el final. Y no queremos conseguirlo casi por los pelos, sino despojándonos "...de todo peso y del pecado que nos asedia..." y corriendo "...con paciencia la carrera que tenemos por delante, puestos los ojos en Jesús, el autor y consumador de la fe..." (He. 12:1-2). Una de las mejores maneras de hacer esto es sentarse a los pies de aquellos que por años corrieron con Jesús.

Perspectiva general de los capítulos
Jerry Bridges dice que hay cuatro fundamentos, cuatro acciones principales que nos permitirán luchar la buena batalla y ganarla: (1) pasar diariamente un tiempo de comunión personal con Dios, (2) apropiarse a diario del evangelio; (3) comprometerse a ser un sacrificio vivo para Dios cada día; (4) creer con firmeza en la soberanía y el amor de Dios. Bridges nos recuerda que nuestro objetivo es no solo perseverar, sino también resistir; no solo permanecer firmes, sino avanzar hasta la meta final y la presencia de Dios en gloria.

John Piper trata la cuestión de cómo envejecer para la gloria de Dios. La clave, dice, es envejecer de una manera que haga que Dios (y no el mundo) parezca glorioso y satisfactorio en todos los aspectos. Pero un importante obstáculo para este objetivo es el temor a no guardar a Cristo como un tesoro. Hay dos estrategias comunes para vencer este temor: (1) creer que la perseverancia en la fe y en el amor no son esenciales para la salvación final, y (2) creer que la necesidad de perseverar depende de nosotros mismos. Piper explica por qué ambos puntos de vista están completamente equivocados: la perseverancia es necesaria para la salvación final, y la perseverancia está asegurada para los que están en Cristo. El antídoto bíblico para vencer el temor de no perseverar es ver la lucha de la fe como una lucha por deleitarnos en Cristo como nuestro tesoro más preciado.

John MacArthur ha estado en el ministerio pastoral en una sola iglesia el tiempo suficiente para presenciar todo tipo de ataques que uno pueda imaginarse: a su persona, a su vida, a su ministerio. Por este motivo, para aprender a sobrevivir, MacArthur ha estudiado toda la vida de Pablo. Haciendo un cuidadoso examen de 2 Corintios, MacArthur nos muestra lo que el apóstol aceptó y adoptó:

- La superioridad del nuevo pacto
- La realidad de que el ministerio es una bendición
- La necesidad de un corazón puro
- El deber de utilizar con precisión la Palabra de Dios
- La verdad de que los resultados de su ministerio no dependían de él
- La realidad de su propia insignificancia
- Los beneficios del sufrimiento
- La necesidad de una convicción plena
- La eternidad como prioridad

Randy Alcorn, a petición nuestra, relata la perseverancia de su propia familia ante un problema. También explica algunas cosas que ha aprendido por perseverar en una causa, esto es, que deberíamos estar motivados por Jesús, no por la ira; que la constancia en una causa puede desarrollar el carácter, la fe y la perspectiva en los niños; y que los seguidores de Jesús deberían esperar sufrir injusticia o tergiversación. Con respecto a la constancia en general, Alcorn observa que uno se convierte en el producto de las elecciones diarias que realiza; aquello en lo que elige deleitarse o sobre lo que decide meditar diariamente. Alcorn termina relatando la conmovedora historia del hermano de Jim Elliot, al que casi nadie conoce.

Helen Roseveare ha vivido una vida fascinante de perseverancia en Cristo. En su capítulo personal y bíblico, menciona el pasado, el presente y el futuro testimonio de su vida cristiana, organizada en torno al tema de "una cosa". Primero, *una cosa sé*; a partir de la frase del hombre que encontró a Jesús y se lo contó a las autoridades: "...Si es pecador, no lo sé; una cosa sé, que habiendo yo sido ciego, ahora veo" (Jn. 9:25). Segundo, *una cosa hago*; a partir de la frase de Pablo sobre la perseverancia: "...una cosa hago: olvidando ciertamente lo que queda atrás, y extendiéndome a lo que está delante" (Fil. 3:13). Tercero, *una cosa demando*; a partir de la oración del salmista: "Una cosa he demandado a Jehová, ésta buscaré; que esté yo en la casa de Jehová todos los días de mi vida, para contemplar la hermosura de Jehová, y para inquirir en su templo" (Sal. 27:4).

El libro termina con dos entrevistas realizadas durante la conferencia en la cual se originó este libro (28-29 de septiembre de 2007). La primera es con todos los colaboradores menos

MacArthur, y la segunda es con John Piper y John MacArthur. Las trascripciones están ligeramente editadas, pero mantienen la sensación de auténticas charlas. Esperamos que estas sesiones te ofrezcan un poco de perspectiva personal sobre estos hombres y mujeres que quieren perseverar y nos enseñan a hacer lo mismo.

Bendiciones para nuestros lectores
¿Has notado alguna vez que muchas de las bendiciones en la Biblia tienen que ver con el cuidado de Dios y nuestra perseverancia? Con este fin, pedimos que lo siguiente pueda ser cierto para todos aquellos que lean este libro:

> Jehová te bendiga, y te guarde (Nm. 6:24).

> Y el mismo Dios de paz os santifique por completo; y todo vuestro ser, espíritu, alma y cuerpo, sea guardado irreprensible para la venida de nuestro Señor Jesucristo. Fiel es el que os llama, el cual también lo hará (1 Ts. 5:23-24).

> Y el Dios de paz que resucitó de los muertos a nuestro Señor Jesucristo, el gran pastor de las ovejas, por la sangre del pacto eterno, os haga aptos en toda obra buena para que hagáis su voluntad, haciendo él en vosotros lo que es agradable delante de él por Jesucristo; al cual sea la gloria por los siglos de los siglos. Amén (He. 13:20-21).

> Y a aquel que es poderoso para guardaros sin caída, y presentaros sin mancha delante de su gloria con gran alegría, al único y sabio Dios, nuestro Salvador, sea gloria y majestad, imperio y potencia, ahora y por todos los siglos. Amén (Jud. 24-25).

Amén.

Capítulo 1

Cuatro elementos esenciales para terminar bien

Jerry Bridges

Cuando pensamos en la perseverancia de los santos, en resistir hasta el final y terminar bien, no existe mejor ejemplo en las Escrituras que el del apóstol Pablo. Mientras permanecía encadenado en la prisión de Roma, anticipando su inminente ejecución, escribió a Timoteo lo siguiente:

> Porque yo ya estoy para ser sacrificado, y el tiempo de mi partida está cercano. He peleado la buena batalla, he acabado la carrera, he guardado la fe. Por lo demás, me está guardada la corona de justicia, la cual me dará el Señor, juez justo, en aquel día; y no sólo a mí, sino también a todos los que aman su venida (2 Ti. 4:6-8).

Pablo confiaba en resistir hasta el final y en terminar bien. Sin embargo, tristemente, tuvo que escribir unas cuantas frases sobre uno de sus colaboradores: "...Demas me ha desamparado, amando este mundo, y se ha ido a Tesalónica..." (2 Ti. 4:10).

Aquí tenemos a dos hombres que ministraron juntos —Pablo y Demas—, consejero y aconsejado. Uno resistió y terminó la carrera, y deseaba recibir la corona de justicia. El otro huyó, abandonó a su maestro y nunca más se oyó hablar de él. No sabemos qué le ocurrió finalmente a Demas. No sabemos si se arrepintió alguna vez o no, pero el pasaje termina con el hecho de que Demas desamparó a Pablo, amando este mundo. En Filemón 24, Pablo menciona a Demas como su colaborador, junto con Marcos, Aristarco y Lucas. Demas era al parecer un joven prometedor con un futuro prometedor; no obstante, por lo que sabemos, no consiguió llegar al final.

Esto es algo para meditar bien, ya que muchos lectores de este libro son jóvenes, seguidores comprometidos de Jesucristo. Por la providencia de Dios, puede que tengas muchos años por delante y tal vez esperes terminar la carrera, mantenerte firme, resistir hasta el final. Pero hubo un tiempo en que Demas también pensaba así. Al principio no se unió al equipo de Pablo con la intención de abandonarlo más adelante, cuando las cosas se pusieran difíciles. No, sin duda esperaba mantenerse firme y terminar bien.

Ciertamente, debemos meditar esto muy bien, incluso los que somos mayores. Como dijo una vez el famoso jugador de béisbol Yogi Berra: "No termina hasta que termina". Por lo tanto, no podemos suponer que por nuestra edad vamos a terminar bien. No se termina hasta el día de la muerte. Así que todos, jóvenes y viejos, tenemos que prestar atención a la advertencia que nos llega a través del ejemplo de Demas.

Cuatro elementos esenciales para terminar bien

En estos últimos años, he pensado mucho en cómo terminar bien. Aunque se podrían decir muchas cosas, he llegado a la conclusión de que hay cuatro acciones fundamentales que podemos realizar para ayudarnos a terminar bien. Puede que haya otras cosas importantes, pero creo que estas cuatro son fundamentales.

- Pasar un tiempo diariamente en comunión personal con Dios.
- Apropiarse a diario del evangelio.
- Comprometerse a ser un sacrificio vivo para Dios cada día.
- Creer firmemente en la soberanía y el amor de Dios.

Estos cuatro elementos esenciales se ven desde nuestra perspectiva; esto es, son cosas que debemos hacer o creer. Pero por encima de todo, está la gracia de Dios. El mismo apóstol que dijo: "He peleado la buena batalla, he acabado la carrera, he guardado la fe", también dijo en otro contexto: "Pero por la gracia de Dios soy lo que soy..." (1 Co. 15:10). Pablo atribuyó toda su perseverancia, toda su fidelidad, a la gracia de Dios. Así que cuando pensamos en nuestra responsabilidad, debemos tener en mente que somos capaces de cumplir con ella solo mediante la gracia del Padre.

Sin embargo, la gracia de Dios a menudo se malinterpreta. Creo que una de las interpretaciones erróneas más comunes es: "Dios está aflojando un poco la cuerda. La gracia significa que Él me permita salir impune de algunas cosas". Esto está muy lejos de la verdad. La gracia de Dios llega a nosotros por medio de Jesucristo gracias a su vida sin pecado y a que murió por nuestros pecados; sin embargo la gracia es algo más que la amabilidad de Dios y su benevolencia hacia nosotros. La gracia de Dios es dinámica. Es Dios en acción para nuestro bien. Cuando el apóstol Pablo dijo: "Por la gracia de Dios soy lo que soy", estaba hablando de la capacitación del Espíritu Santo que Dios con su gracia nos proporciona a todos cuando tratamos de vivir para Él. Por lo tanto, cuando pensamos en nuestras responsabilidades, debemos tener en mente que podemos llevarlas a cabo solo mediante la gracia de Dios. En palabras de John Newton, en su popular himno "Sublime gracia": "Su gracia siempre me libró y me guiará feliz". Al final del día, cuando ya se ha dicho y hecho todo, atribuimos nuestra fe a la gracia de Dios. Por lo tanto, cuando consideremos estos cuatro elementos esenciales, tengamos en cuenta que los practicamos solo por su gracia. Vamos a observarlos uno a uno.

Pasar un tiempo diariamente en comunión personal con Dios
El primer elemento esencial es pasar un tiempo diario en comunión personal con Dios. Muchos lectores están familiarizados con el clásico *La práctica de la presencia de Dios*, y este es un hábito excelente para cultivarlo. Pero el fundamento de esto tiene que ser un tiempo de comunión personal con Dios, y tiene que hacerse diariamente. Demas no se levantó un día y realizó un giro de ciento ochenta grados en su vida. Esto no sucede así. Demas se deslizó poco a poco hacia las atracciones del mundo. Y si tú y yo no practicamos diariamente esta comunión con Dios, también acabaremos dejándonos llevar por la corriente en la dirección equivocada.

En mis días en la Marina, antes de que tuviéramos satélites de posición globales, utilizábamos un sextante para controlar nuestro lugar de navegación dos veces al día. Al alba y al ocaso, estudiábamos las estrellas para conocer la posición e, invariablemente, tras hacerlo, teníamos que corregir un poco el rumbo. Era obvio que si no hacíamos eso, no solo una vez sino, como en nuestro caso, dos veces al día, en seguida nos alejaríamos de nuestro camino.

Tú y yo también necesitamos a diario esa corrección del rumbo, y la realizamos cuando tenemos ese tiempo de comunión personal con Dios. Todos nosotros, seamos o no creyentes, estamos enamorados de algo. Demas estaba enamorado del mundo. El apóstol Juan dijo: "No améis al mundo..." (1 Jn. 2:15). Pero no podemos sencillamente "no amar al mundo" y sentir un vacío en nuestros corazones. Para no amar al mundo, tenemos que amar a Dios. Y nuestro tiempo diario de comunión con Él es un tiempo en el que el amor a Dios y su amor por nosotros se vivifica en nuestros corazones.

Reflexiona en las palabras del salmista. En el Salmo 63:1 dice: "Oh Dios, tú eres mi Dios; yo te busco intensamente. Mi alma tiene sed de ti; todo mi ser te anhela, cual tierra seca, extenuada y sedienta" (NVI). Nota la intensidad de esas palabras: *yo te busco intensamente. Mi alma tiene sed de ti.* Esto es mucho más que la mera lectura diaria de la Biblia y cumplir con unas cuantas peticiones de oración, con nuestro "tiempo de recogimiento" o con nuestras "devociones matinales", o algo por el estilo. No estoy diciendo que no se deban hacer estas cosas, pero ten en cuenta que el propósito de ese tiempo de recogimiento no es solo leer la Biblia y cumplir con varias peticiones de oración. Más bien debería ser un tiempo de comunión con Dios. Es obvio que necesitamos un plan. No se trata de abrir la Biblia al azar y señalar con el dedo un pasaje de las Escrituras diciendo que este es mi pasaje para hoy. Pero, la comunión con Dios es mucho más que un plan. La comunión con Dios es un encuentro con Él. Es pedirle que nos hable. Es hablar con Él cuando estamos leyendo su Palabra, cuando oramos con su Palabra, cuando oramos sobre lo que Dios nos dice en su Palabra.

El Salmo 42:1-2 dice algo similar: "Como el ciervo brama por las corrientes de las aguas, así clama por ti, oh Dios, el alma mía. Mi alma tiene sed de Dios, del Dios vivo; ¿cuándo vendré, y me presentaré delante de Dios?".

También David en el Salmo 27:4 dijo: "Una cosa he demandado a Jehová, ésta buscaré; que esté yo en la casa de Jehová todos los días de mi vida, para contemplar la hermosura de Jehová, y para inquirir en su templo". La hermosura del Señor no es física. Es la hermosura de sus atributos. Es la hermosura de la cruz. Es la hermosura de lo que se ha hecho por nosotros en Cristo. Y el salmista dijo que quería contemplar la hermosura del Señor; que quería tener comunión con Dios. De eso trata el tiempo en comunión con Dios. Todos estos pasajes de las Escrituras hablan de un deseo intenso de tener esa comunión personal con el Señor.

Claro que es útil tener un plan, pero el plan debe ir dirigido a Dios mismo. ¿Pasamos un tiempo con Dios o nos limitamos a leer un capítulo de la Biblia? Pasar un tiempo con Él, desde luego, implica leer un capítulo, o tres versículos, o tres capítulos o lo que sea. Pero el objetivo de eso debe ser reunirse con Dios, dejar que nos hable y responderle. Cuando abro la Biblia cada día, pregunto: "Señor, ¿puedo pasar un tiempo contigo? ¿Me hablarás a través de tu Palabra? ¿Me animarás? ¿Me enseñarás? ¿Me reprenderás si es necesario? Sea lo que sea que creas que necesito hoy, Señor, vengo a pasar un tiempo contigo". Después empiezo a leer el pasaje y respondo a Dios sobre lo que estoy leyendo. Y oro de nuevo todo lo que considero apropiado en ese pasaje.

Si lees los Salmos, te darás cuenta de que en la mayoría de ellos el salmista está hablando con Dios o hablando de Dios. Pero normalmente está hablando con Él. A veces se regocija y otras se lamenta. Dice, por ejemplo: "¿Por qué escondes tu rostro? (cp. Sal. 88:4). Está relacionándose con Dios. Eso es lo que queremos hacer. Y cuando buscamos diariamente tener esa comunión personal con Dios, Él nos da las coordenadas de navegación, por así decirlo, y nos muestra las correcciones que tenemos que hacer en nuestras vidas para no perder el rumbo. Y para que tú y yo perseveremos hasta el final, debemos practicar —tener por costumbre, si lo prefieres— mantener una comunión con Dios a diario.

En 1988 mi primera esposa se estaba muriendo de cáncer tras padecer por mucho tiempo. Una mañana cuando estaba tratando de enfrentarme a la realidad de su muerte, vino a mi mente el Salmo 116:15: "Estimada es a los ojos de Jehová la muerte de sus santos". A la vez me di cuenta de que Dios mismo tenía interés en lo que le estaba sucediendo a mi esposa. Para mí podía ser la pérdida de mi amada, pero para Dios sería el regreso de uno de sus hijos.

Pensé en cuando nuestro hijo de quince años iba a regresar a casa después de haber pasado once semanas en un programa misionero de verano. ¡Cuánto deseábamos que volviera! Me di cuenta, por increíble que parezca, que Dios espera ansiosamente el regreso de sus hijos. Después me vino a la mente una parte del Salmo 16:11: "...En tu presencia hay plenitud de gozo; delicias a tu diestra para siempre". Mientras oraba estas Escrituras, me di cuenta de que muy pronto Eleanor experimentaría el increíble gozo de estar realmente ante la presencia de Dios.

Cuando seguí orando, dije algo como: "Padre, tú conseguirás que uno de tus hijos regrese a casa, y Eleanor conseguirá estar en tu presencia para siempre, pero ¿qué conseguiré yo?". Rápidamente vinieron a mi mente palabras de 1 Tesalonicenses 4:13: "...no os entristezcáis como los otros que no tienen esperanza".

Con la seguridad recibida de Dios y su Palabra, fui capaz de dejarla atrás emocionalmente. Dos semanas después, ella murió. Luego de su muerte, yo sufrí, pero no como alguien que no tiene esperanza. Me sentía reconfortado por la seguridad de que Dios había recibido con gozo a uno de sus hijos, y ella estaba disfrutando de su presencia para siempre.

Nunca experimenté las distintas etapas del duelo por las que pasan muchos tras la muerte de un ser querido. Nunca me enojé con Dios ni tuve días de depresión. En una o dos semanas, fui capaz de retomar mis responsabilidades habituales en el trabajo. Todo eso porque años antes había establecido la práctica de tener un tiempo diario de comunión personal con Dios.

Debería advertir contra el peligro de llegar a ser legalista respecto a nuestro tiempo de comunión con Dios. O sea, no conseguimos bendiciones de Dios porque pasemos este tiempo con Él, ni perdemos su bendición el día que no lo hacemos. El Señor no nos bendice *porque* pasemos tiempo con Él, sino que a menudo nos bendice *por medio de* este tiempo, como hizo conmigo cuando mi esposa estaba a punto de morir.

No debemos esperar que Dios nos hable siempre a través de su Palabra de una forma tan impactante como la que yo experimenté aquel día. Al igual que con las correcciones en la navegación de un barco, las correcciones de rumbo espiritual que Dios hace en nuestras vidas suelen realizarse de forma progresiva y no son especialmente espectaculares. Pero son necesarias.

Apropiarse a diario del evangelio

El segundo elemento esencial es apropiarse del evangelio a diario. He puesto la comunión personal con Dios primero para resaltar su prioridad, porque ese es el elemento básico. Pero en la práctica, pongo la opción de apropiarse del evangelio a diario primero. O sea, empiezo mi tiempo con Dios repasando y apropiándome del evangelio para mí mismo. Como las buenas nuevas solo son para pecadores, llego a Cristo siendo todavía un pecador en la práctica. De hecho, suelo utilizar las palabras de ese recaudador de impuestos en el templo, que gritó: "...¡Oh Dios, ten compasión de mí, que soy pecador!" (Lc. 18:13, NVI). Dios ha sido compasivo, y yo estoy listo para reconocer su compasión por mí, pero le digo que voy hacia Él con la actitud de ese recaudador de impuestos. "Necesito tu compasión. Sigo siendo un pecador. Incluso mis mejores obras son pecaminosas a tus ojos, soy objeto de tu misericordia y tu gracia".

Es importante que, ante todo, nos apropiemos del evangelio porque a través de Cristo tenemos acceso a Dios Padre. Pablo dijo en Efesios 2:18: "porque por medio de él los unos y los otros [judíos y gentiles] tenemos entrada por un mismo Espíritu al Padre". No podemos ir directamente hacia Dios. Debemos pasar siempre por la sangre de nuestro Señor Jesucristo. Sin embargo Dios no solo nos *permite* llegar a Él; además nos *invita* a ir hacia Él. El escritor de Hebreos dice:

> Así que, hermanos, teniendo libertad para entrar en el Lugar Santísimo por la sangre de Jesucristo, por el camino nuevo y vivo que él nos abrió a través del velo, esto es, de su carne, y teniendo un gran sacerdote sobre la casa de Dios, acerquémonos con corazón sincero, en plena certidumbre de fe... (He. 10:19-22).

Y a medida que nos apropiamos del evangelio, este nos va dando la confianza para ir ante Dios y estar en comunión con Él. Aprendamos a vivir mediante el evangelio cada día.

Al principio de mi vida cristiana, e incluso al principio de mi ministerio, consideraba el evangelio como un mensaje para los no creyentes. Como era cristiano, ya no necesitaba personalmente el evangelio, excepto como mensaje que compartir con los no creyentes. Pero aprendí de la forma más dura hace muchos años que necesitaba el evangelio todos los días de mi vida.

En aquel momento, vivía en el extranjero, y estaba soltero y solo. Además luchaba con algunos temas de relaciones personales. Cada lunes por la noche, dirigía un estudio bíblico en una base de las Fuerzas Aéreas Americanas a una media hora en auto desde donde yo vivía. Y cada lunes por la noche cuando regresaba a casa, Satanás me atacaba con acusaciones de pecado. Desesperado, empecé a recurrir al evangelio. Utilizando una expresión que aprendí años más tarde, empecé a "orar el evangelio para mí". Y en consecuencia, aprendí que seguía necesitando el evangelio todos los días de mi vida. Por eso he enumerado esta práctica como uno de los cuatro elementos esenciales.

Piensa en las palabras de Gálatas 2:20. El apóstol escribe: "Con Cristo estoy juntamente crucificado, y ya no vivo yo, mas vive Cristo en mí; y lo que ahora vivo en la carne, lo vivo en la fe del Hijo de Dios, el cual me amó y se entregó a sí mismo por mí". El contexto de este versículo es el tema de la justificación. En los versículos 15-17, Pablo habla de ser justificado cuatro veces. Dice que no somos justificados por las obras de la ley sino por la fe en Jesucristo, y sigue repitiendo ese pensamiento. Luego en el versículo 21, dice: "No desecho la gracia de Dios; pues si por la ley fuese la justicia, entonces por demás murió Cristo". Está claro que en todo este pasaje, versículos 15-21, trata el tema de la justificación. Hablará de la santificación más tarde, pero no en este contexto. La razón por la que digo esto es porque quiero llamar tu atención en particular hacia la última frase del versículo 20: "...y lo que ahora vivo en la carne, lo vivo en la fe del Hijo de Dios, el cual me amó y se entregó a sí mismo por mí". Recuerda, en este contexto, Pablo está hablando de la justificación, no de la santificación.

Aquí surge lo que parece un problema. Sabemos que la justificación es un evento que tuvo lugar en un momento del pasado. En el preciso instante en que confiaste en Cristo, fuiste declarado justo por Dios. Fuiste justificado. Por eso Pablo en Romanos 5:1 puede hablar de justificación en tiempo pasado, cuando dice: "Justificados, pues, por la fe, tenemos paz para con Dios por medio de nuestro Señor Jesucristo". No obstante, aquí en este pasaje, habla en presente: "Y lo que *ahora* vivo en la carne", hoy. La vida que vivo hoy, la vivo "en la fe del Hijo de Dios, el cual me amó y se entregó a sí mismo por mí". Entonces, si la justificación es un evento puntual que sucedió en nuestro pasado, ¿por qué Pablo habla de ello en presente? La vida que vivo *ahora*, la vivo por la fe en el Hijo de Dios.

La respuesta a esta pregunta es una de las verdades más importantes que podemos aprender del evangelio. Para el apóstol Pablo, la justificación no solo era un *suceso pasado*; también era una *realidad presente*. Esto es lo que no comprenden muchos cristianos. Miran hacia atrás, hacia el momento en que confiaron en Cristo. Y si se los presiona, dirán: "Sí, fui justificado en aquel momento". Pero en la actualidad, buscan vivir sus vidas como si dependiera de ellos. En su mente, han regresado a una relación mecánica con Dios. Y su línea de pensamiento es: como he tenido mi tiempo de recogimiento con Dios, y no he tenido pensamientos codiciosos y cosas así, espero que Él me bendiga hoy. Queremos pagar a nuestra manera. Queremos ganarnos las bendiciones de Dios. El apóstol Pablo no hizo eso, sino que miró fuera de sí y se vio a sí mismo revestido de la justicia de Cristo. Se vio a sí mismo justificado. A una persona que confía en Cristo, le decimos: "Has sido justificado. Has sido declarado justo. Tus pecados han sido perdonados. Estás ante Dios hoy revestido de la justicia de Jesucristo". Y después podemos apuntar hacia la eternidad y decir: "Cuando estés con el Señor para siempre, serás revestido de la justicia de Jesucristo". Incluso aunque hayamos dejado atrás nuestra naturaleza pecadora, aunque seamos personas justas que han llegado a la perfección, como dice el escritor de Hebreos (He. 12:23), estaremos ante la justicia de Cristo por toda la eternidad. Eso no cambia nunca.

Pero ¿qué pasa con el tiempo que transcurre desde nuestra conversión hasta el momento de estar con el Señor? Para la mayoría de los cristianos, se trata de una relación mecánica. Por eso necesitamos apropiarnos diariamente del evangelio, porque por nuestra naturaleza tendemos a ir hacia una relación mecánica. Volviendo a esos días en los que cruzábamos el océano Pacífico, comprobábamos las posiciones de navegación dos veces al día, porque si no lo hacíamos, poco a poco nos alejaríamos de nuestro rumbo. Si no te apropias del evangelio diariamente, te deslizarás hacia una relación mecánica con Dios. Y cuando haces esto, caminarás en una de dos direcciones. Si la idea del pecado en tu vida es superficial —o sea, si crees que el pecado se limita a los grandes delitos que comete la sociedad, ajena a nosotros—, te diriges hacia un orgullo religioso porque tú no haces esas cosas. Pero si eres consciente y tienes en cuenta esos pecados "respetables", como el cotilleo, el orgullo, los celos, la envidia, el espíritu crítico y cosas por el estilo, si eres consciente de que están en tu vida y no vives según el evangelio, puedes ir hacia la desesperación. Y a veces los de esta segunda categoría simplemente se relajan porque no pueden soportar la tensión. No pueden diferenciar entre lo que saben que deberían ser y cómo se ven a sí mismos honestamente. Por supuesto, lo que resuelve esta tensión es el evangelio, que nos recuerda que nuestros pecados son perdonados y que estamos revestidos de la justicia de Jesucristo. Al mismo tiempo, lo que nos mantiene alejados del orgullo espiritual es el evangelio, porque una vez más el evangelio es para pecadores. Pero todos somos pecadores, seguimos pecando, incluso cuando se nos ha liberado de la culpa y del dominio del pecado. Sí, esta es la verdad. Y ahora somos llamados *santos*, hemos sido separados. Pero todavía pecamos en pensamiento, palabra, obra, y la mayoría de nosotros en motivo, porque a menudo hacemos lo correcto por una razón equivocada o por una razón contradictoria. Queremos complacer a Dios, pero queremos quedar bien al hacerlo. De esta manera, llegamos ante el Señor y decimos: "Señor, me acerco a ti siendo todavía un pecador, pero miro a Jesucristo y su sangre derramada y su obediencia perfecta, su vida de justicia que me ha sido contado por justicia. Y me veo a mí mismo ante ti revestido de tu justicia".

Esto te sacará de la cama por la mañana. Eso hará que te emociones con la vida cristiana, cuando te veas revestido de la justicia de Cristo. Y eso te mantendrá alejado del amor al mundo. No se puede amar el evangelio y al mundo a la vez. Apropiarse del evangelio diariamente te mantendrá en el rumbo correcto.

Hace unos cien años, un gran teólogo llamado B. B. Warfield, que era profesor del Seminario Teológico de Princeton, escribió estas palabras: "No hay nada en nosotros o que hayamos hecho nosotros en ninguna etapa de nuestro desarrollo terrenal por lo cual podamos ser aceptables ante Dios". Warfield está diciendo que nada de lo que hagamos en nosotros mismos nos hará aceptables para Dios. Continúa: "Siempre debemos ser aceptados por medio de Cristo, o no seremos aceptados". Y sigue, y esto es importante:

Esto es así no solo cuando creemos. Es igual de cierto después de empezar a creer. Y seguirá siendo cierto mientras vivamos. Nuestra necesidad de Cristo no cesa porque empecemos a creer; ni la naturaleza de nuestra relación con Él o con Dios a través de Él se alterará, sean cuales sean nuestros logros de gracia cristiana o en nuestro comportamiento cristiano.

Lo que está diciendo es que no importa cuán santificados lleguemos a ser. No importa lo mucho que maduremos en nuestra vida cristiana. Dice que solo podemos descansar en la sangre de Cristo y en su justicia.

Uno de los pecados con los que me enfrento con más frecuencia es el de la ansiedad; no la ansiedad en general, sino la ansiedad por el retraso del equipaje en los viajes en avión. He tenido tantas malas experiencias con equipajes que no llegan en el mismo vuelo que yo, que ya he dejado de suponer que mi maleta llegará conmigo. Cada vez que voy a buscar equipajes tengo que orar en contra de mi pecado de ansiedad.

Hace algunos años, tras dos experiencias consecutivas realmente malas, le dije a mi esposa: "Tengo que confesar que soy una persona ansiosa". A la mañana siguiente, durante mi tiempo con Dios, leí Mateo 8. Parte de ese capítulo es el relato de Jesús y sus discípulos cuando se ven atrapados en una gran tormenta en el Mar de Galilea. En el versículo 24, el texto dice que se levantó una tormenta "...tan grande que las olas cubrían la barca; pero *él [o sea, Jesús] dormía*". Me llamó la atención esa frase en la que se dice que Jesús dormía en medio de una furiosa tormenta, mientras los discípulos estaban aterrorizados.

Mientras meditaba en la escena, me llegó el siguiente pensamiento: *Jesús dormía en la barca por mí.* Con eso quiero decir que todo lo que Él hizo tanto en su vida sin pecado como en su muerte en la que cargaba con el pecado, lo hizo como representante y sustituto nuestro. Su obediencia perfecta, así como su muerte, fue todo por nosotros. En contraste con mi pecado de ansiedad por la pérdida del equipaje, Jesús nunca se mostró ansioso. En circunstancias mucho más desesperadas que las mías, confió en el Padre celestial. Y me fue contado por justicia. Mediante su muerte, Él pagó por el pecado y la culpa de mi ansiedad. Y con su confianza perfecta, me invistió con su justicia.

De esta manera, salí de mi tiempo con Dios aquella mañana sin sentirme culpable por mi persistente lucha con la ansiedad, sino sintiéndome animado porque sabía que mi pecado había sido perdonado y se me había acreditado una obediencia perfecta (en este caso, la confianza perfecta) de Jesús. Así salí a enfrentarme con el día no solo animado, sino también decidido a vencer la ansiedad mediante su gracia.

Esto significa vivir con el evangelio. Por eso necesitamos apropiarnos de él cada día de nuestra vida, porque Dios solo nos acepta a través de Cristo. Nos ve revestidos de la justicia de Cristo, y quiere que nosotros mismos nos veamos revestidos de esa justicia, para que podamos ir hacia Él e intentemos relacionarnos con Él por el mérito del Señor Jesucristo y no por nuestras propias obras. Todos nosotros por nuestra naturaleza pecaminosa somos propensos a basar nuestra relación con Dios en nuestras obras. Y aunque he estado predicando este mensaje durante muchos años, puedo decir honestamente que es demasiado fácil cambiar de dirección debido a nuestra naturaleza humana pecaminosa. Es esta la que cree que debemos de alguna manera ganarnos el favor de Dios trabajando duro o siendo fieles. Claro que queremos ser fieles, queremos trabajar duro, pero no para conseguir la aprobación de Dios, sino porque tenemos la aprobación de Dios. Por lo tanto, la apropiación del evangelio a diario es esencial para perseverar hasta el final.

Comprometerse a ser un sacrificio vivo para Dios cada día
El tercer elemento esencial es comprometerse a ser un sacrificio para Dios diariamente. Y para ello dirijo tu atención hacia Romanos 12:1: "Así que, hermanos, os ruego por las misericordias de Dios, que presentéis vuestros cuerpos en sacrificio vivo, santo, agradable a Dios, que es vuestro culto racional". Reflexionar diariamente en el evangelio y en lo que Dios ha hecho por nosotros en Cristo debería conducirnos a presentarnos diariamente como sacrificios vivos.

Al utilizar la palabra *sacrificio*, Pablo obviamente partía del sistema de sacrificios del Antiguo Testamento. Esos sacrificios estaban explicados en el libro de Levítico, y todos juntos representaban el único y gran sacrificio del Señor Jesucristo. Tuviera o no Pablo en mente un sacrificio en particular, creo que hay uno que es el que mejor ayuda a entender lo que el apóstol dice cuando habla de presentar nuestros cuerpos como sacrificio vivo: el holocausto. Creo que el holocausto nos ayuda a entender lo que Pablo escribe, porque hay dos cosas únicas y especiales en el holocausto. Primero, de todas las ofrendas de animales, el holocausto era la única en la que se consumía todo el animal en el altar. En las otras, solo se quemaban ciertas porciones, y las partes que quedaban se reservaban para los sacerdotes y, en algún caso, para el oferente y su familia. Pero en el holocausto, se consumía todo el animal en el altar. Por eso se la denominaba ofrenda del todo quemada. Y significaba no solo sacrificio por el pecado, sino también consagración o dedicación del oferente a Dios. Segundo, los sacerdotes tenían que presentar un holocausto dos veces al día, uno por la mañana y otro por la noche, para que el fuego del altar no se apagara (cp. Lv. 6:8-13). En otras palabras, siempre había un holocausto que se consumía en el altar. Y por eso se le denominaba holocausto continuo. Así que había dos términos descriptivos: ofrenda del todo quemada y holocausto continuo. Y creo que podrás ver fácilmente la aplicación que se puede sacar de eso.

Primero, la ofrenda del todo quemada significa que tenemos que consagrar *todo nuestro ser*, no solo nosotros mismos sino todo lo que tenemos. Todo lo que tenga que ver con nosotros debemos consagrarlo, dedicárselo a Dios, presentárselo como sacrificio. Después la palabra *continuamente* (Lv. 6:13; Heb. 10:1) nos dice que esto debe repetirse siempre, con constancia. Como tenemos tendencia a regresar hacia una relación con Dios basada en las obras, solemos retractarnos de nuestro compromiso con Él. A menudo, en un momento de gran emoción espiritual, podemos decir sincera y honestamente: "Señor, te ofrezco todo mi ser, mi cuerpo, mi mente, mi servicio, mi dinero, todo lo mío, Señor, lo consagro a ti". Sin embargo, cuando salimos a la calle unas semanas después, nos enfrentamos con un problema, y tendemos a echarnos atrás y nos damos cuenta de que no nos hemos consagrado tanto como pensábamos. La renovación diaria de esta consagración nos ayuda a evitar hacer eso.

La segunda palabra que es significativa en Romanos 12:1 es *presentar*. Pablo ruega que "*presentéis* vuestros cuerpos en sacrificio vivo". Algunas traducciones utilizan una palabra diferente, pero cualquiera que sea la que se utilice, la idea es dedicarse o ponerse a disposición de otro.

Hace algunos años, cuando nuestro hijo y nuera esperaban su primer hijo, tenían como único medio de transporte una *pickup*. Mi esposa y yo nos dimos cuenta de que no podían poner una silla de bebé en esa camioneta. Y aunque es ingeniero, nuestro hijo estaba trabajando a media jornada como profesor en la universidad para tener más tiempo para su ministerio con la amplia población musulmana de la zona. Sabíamos que no se podían permitir comprar otro auto, así que decidimos darles uno de nuestros dos coches. Se lo llevamos a su ciudad y llevamos el título de propiedad con nosotros. Cuando llegamos allí, pasamos la titularidad a nuestro hijo y nuera. En ese momento, el vehículo fue legalmente suyo. Se lo presentamos.

Sin embargo, no solo le transferimos el título de propiedad legalmente, también lo hicimos emocionalmente. Es decir, una vez cambiada la titularidad, el automóvil era suyo para que hicieran lo que quisieran con él. Sabíamos que en un año, ellos se mudarían de los Estados Unidos para llevar a cabo su ministerio en el extranjero. Sabíamos que entonces lo venderían y utilizarían lo obtenido para pagar su pasaje. Pero nunca se nos ocurrió pensar: *Cuando vendan el auto, nos tendrán que dar el dinero, después de todo, era nuestro*. Cuando firmamos el cambio de titularidad, no solo hicimos una transacción legal, también hicimos una transacción emocional.

Unos años más tarde, regresaron a casa para un permiso de tres meses. Una vez más, Jane y yo nos dimos cuenta de que necesitarían un vehículo para su estancia allí. Habíamos reemplazado el que les habíamos regalado previamente, así que de nuevo teníamos dos vehículos. Y decidimos que les prestaríamos uno de ellos. Fue mi auto el que les prestamos. Durante esos tres meses, tuve emociones encontradas. Por una parte, estaba feliz de poder proporcionarles el auto que necesitaban. Por otra parte, echaba de menos mi auto porque siempre tenía que ponerme de acuerdo con Jane para utilizar el suyo.

Ciertamente, Dios no nos ha pedido que nos entreguemos en préstamo temporal a Él. Nos pidió que nos presentáramos como sacrificios vivos para utilizarnos a su gusto. El hecho es que, en verdad, esto ya ha sucedido. El apóstol Pablo nos dice en

1 Corintios 6:19-20 que ya no nos pertenecemos, porque fuimos comprados por precio. Pablo quiere que confirmemos en nuestros corazones y en nuestras emociones lo que en realidad ya es cierto, pero lo presenta en forma de apelación. No dice: "Es vuestra obligación hacerlo". No dice: "No sois vuestros; no tenéis opción en este asunto". Dice: "... os ruego por las misericordias de Dios...".

Vemos algo similar en la breve carta de Pablo a Filemón. Recordemos la historia. Filemón tenía un esclavo llamado Onésimo. En un momento anterior a esta carta, Onésimo había huido de Filemón y probablemente le había robado. Se había dirigido desde lo que es hoy la moderna Turquía, cruzando Grecia hasta llegar a Italia, y allí se encontró con Pablo en Roma durante el primer encarcelamiento de este. Allí el apóstol lo condujo hacia Cristo y lo discipuló. Sin embargo, Pablo se dio cuenta de que había un problema. Onésimo tenía que arreglar las cosas con Filemón. Así que envió a Onésimo de vuelta a Filemón y también envió con él esta carta, cuyo propósito era pedirle a Filemón que recibiese a Onésimo y lo perdonara por haberse escapado y probablemente por haberle robado también. Y no solo que lo perdonara, sino que lo recibiera como a un hermano. La verdad es que esa era una petición bastante fuerte, por eso Pablo la presenta de la siguiente manera: "Por lo cual, aunque tengo mucha libertad en Cristo para mandarte lo que conviene, más bien te ruego por amor..." (Flm. 8-9). Pablo podría haber dicho: "Filemón, no tienes otra opción. Tu deber cristiano es perdonar y recibir a Onésimo". Sin embargo, no se dirigió a él de esa manera. Por el contrario, le rogó "por amor". Quería que Filemón deseara hacer lo que era su deber hacer. No quiso coaccionarlo. Por eso le pidió que hiciese por amor lo que debería hacer por obediencia al mandato de Dios.

De la misma manera, el apóstol Pablo nos ruega a nosotros: "Os ruego por las misericordias de Dios". ¿Quieres saber cómo es la misericordia de Dios? Lee los cinco primeros versículos de Efesios 2. Estábamos muertos en nuestros delitos y pecados. Sin esperanza alguna. No solo estábamos enfermos, estábamos muertos. Éramos esclavos del mundo, de Satanás y de las pasiones de nuestra carne. Y por naturaleza, éramos objeto de la ira de Dios. Esa era nuestra condición. Por eso necesitábamos misericordia. Y luego Pablo agrega: "Pero Dios que es rico en misericordia, por su gran amor con que nos amó... nos dio vida juntamente con Cristo". Eso es la misericordia.

¿Te consideras hoy objeto de la misericordia de Dios? ¿Te das cuenta de que, sin contar con su misericordia irías directo hacia la condenación eterna? Por eso Pablo dice: "Os ruego por las misericordias de Dios".

Presentar nuestros cuerpos como sacrificios vivos no es algo que tachamos de una lista diciendo: "Bueno, ya he hecho eso; es mi deber hacerlo". Debería ser una respuesta espontánea a nuestra adopción del evangelio. Estamos hablando de la comunión con Dios. Estamos hablando de aceptar su amor, su misericordia y su gracia. Y eso lo vemos en el evangelio. El apóstol Juan dijo que Dios nos mostró su amor enviando a su Hijo en sacrificio por nuestros pecados (1 Jn. 4:10); es decir, para aplacar la ira de Dios que tú y yo deberíamos haber experimentado. Cuando adoptamos el evangelio a diario, participamos de su amor, y participar genuinamente de su amor nos llevará a presentar nuestros cuerpos como sacrificios vivos. Pero esto tiene que renovarse cada día. No podemos vivir hoy del compromiso que hicimos ayer.

La manera de presentar nuestros cuerpos como sacrificio vivo será diferente para cada uno de nosotros. Para algunos podría ser reducir su nivel de vida para poder dar más a la obra del reino de Dios. Para nuestro hijo fue aceptar un trabajo menos remunerado para tener más tiempo que dedicarle a su ministerio. Para mí, en aquel tiempo, era estar dispuesto a entregarme continuamente al ministerio que Dios me había dado.

En el momento en el que estoy escribiendo, faltan solo dos semanas para mi cumpleaños número setenta y ocho. Durante los pasados doce años, he volado más de un millón de kilómetros, he pronunciado más de mil mensajes, he escrito varios libros y artículos para revistas cristianas. Confieso que a veces me siento agotado por tanto viaje, por las frecuentes fechas de entrega de mis escritos y la presión de preparar mensajes constantemente. A veces empiezo a compadecerme de mí mismo.

¿Cómo sigo en movimiento? ¿Cómo evito sentir lástima por mí mismo? Todos los días cuando me apropio del evangelio, le digo a Dios: "Soy tu siervo. Gracias a tu misericordia y a la gracia que obras en mí, te presento una vez más mi cuerpo como sacrificio vivo. Si esto significa viajar constantemente y sentir muy a menudo la presión del tiempo, acepto eso de ti y te agradezco el privilegio de estar en tu ministerio".

En realidad el versículo de mi vida es Efesios 3:8: "A mí, que soy menos que el más pequeño de todos los santos, me fue dada esta gracia de anunciar entre los gentiles el evangelio de las inescrutables riquezas de Cristo". No solo soy un recipiente de la gracia del evangelio; también tengo el privilegio de enseñárselo a otros. Así que a través de mi adopción del evangelio, mi "sacrificio vivo" se convierte en un privilegio. Siento un gran respeto por el privilegio que el Señor me ha dado de enseñar a muchos cristianos que el evangelio no es solo para no creyentes, sino también para que los hijos de Dios lo vivan todos los días.

Creer firmemente en la soberanía y el amor de Dios

El cuarto elemento esencial es creer firmemente en la soberanía y el amor de Dios. Este elemento no contiene la palabra *diariamente*, pero debe practicarse de continuo. Hace años M. Scott Peck escribió un libro, *The Road Less Traveled* [El camino menos transitado], que empieza con estas cuatro palabras: "La vida es difícil". La mayoría de las personas estaría de acuerdo con esa frase. Cuando se han vivido muchos años, uno se da cuenta de que la vida es difícil —o al menos es difícil a menudo— y a veces incluso es dolorosa. Con el tiempo, uno experimenta tanto las dificultades como el dolor. Así que si quieres perseverar hasta el final, si quieres mantenerte firme ante las dificultades y el dolor, debes creer firmemente en la soberanía y el amor de Dios. No debes limitarte a creer que Él controla absolutamente todo lo que sucede en el universo y específicamente en tu vida, sino que también debes creer que, al ejercer ese control, lo hace por su infinito amor por ti.

Muchos pasajes nos muestran la soberanía y el amor de Dios, de ellos elegí Lamentaciones 3:37-38: "¿Quién será aquel que diga que sucedió algo que el Señor no mandó? ¿De la boca del Altísimo no sale lo malo y lo bueno?". Tomé este pasaje en particular porque el versículo 37 ("¿Quién será aquel que diga que sucedió algo que el Señor no mandó?") afirma la soberanía de Dios sobre las acciones de las personas. Muchos de los dolores de la vida se producen por las acciones pecaminosas de otros. Y si tú no crees que Dios es soberano y controla todas las acciones, entonces es posible que acabes sintiéndote amargado. Y si te sientes amargado, empezarás a separarte de Dios y no te mantendrás firme. No perseverarás si dejas que las acciones pecaminosas de los demás te conviertan en una persona amargada. Una de las maneras de evitar convertirnos en personas amargadas es darnos cuenta de que Dios tiene el control soberano sobre las acciones pecaminosas.

José es el ejemplo clásico de esto. Tres veces en Génesis 45 (especialmente en los vv. 5-8), luego de darse a conocer a sus hermanos, les dijo que Dios siempre había controlado todo. Por ejemplo: "... no me enviasteis acá vosotros..." (v. 8). Después en Génesis 50:20 dice: "Vosotros pensasteis mal contra mí, mas Dios lo encaminó a bien...". José creía en la soberanía del Padre, incluso en las acciones pecaminosas de sus hermanos.

Una vez sufrí una decepción demoledora y humillante en mi trabajo. Ciertamente no se debió a las acciones pecadoras de otros, sino a sus actos irreflexivos y despreocupados. Sucedió un jueves por la tarde, y estaba previsto que yo diera una conferencia de fin de semana, que empezaba el viernes por la noche. ¿Cómo podía recuperarme del daño y la humillación para poder hablar ese viernes?

El viernes por la mañana me desperté con las palabras de Job en la mente: "...Jehová dio, y Jehová quitó..." (Job 1:21). En mi tiempo con Dios esa mañana, pude decir: "Señor, en el pasado me has dado, pero ahora me lo has quitado todo. Lo acepto porque viene de ti". Mis turbulentas emociones se calmaron, fui capaz de hablar en la conferencia como si nada hubiera sucedido. Y nunca me sentí resentido con esas personas, porque creí en el control soberano de Dios sobre sus acciones.

En segundo lugar, tenemos Lamentaciones 3:38 que nos dice: "¿De la boca del Altísimo no sale lo malo y lo bueno?". Dios tiene el control soberano sobre las dificultades y el dolor al igual que lo tiene sobre las cosas que consideramos buenas, las bendiciones de esta vida. Por eso, deberíamos darle las gracias a Dios por las cosas buenas de la vida. Tenemos que ser agradecidos. Pero ¿qué pasa con las cosas malas, las cosas que no hemos elegido tener? Pablo nos dice en 1 Tesalonicenses 5:18: "Dad gracias en todo —y después añade—, porque esta es la voluntad de Dios para con vosotros en Cristo Jesús". Es decir, la voluntad moral de Dios es que demos las gracias en todas las circunstancias. En la misma carta, también dice: "La voluntad de Dios es... que se aparten de la inmoralidad sexual" (4:3 NVI); es obvio que está hablando de la voluntad moral de Dios. Pablo utiliza esta misma fraseología cuando dice: "...porque esta es la voluntad de Dios para con vosotros en Cristo Jesús" (5:18). Es la voluntad moral de Dios que demos las gracias en todas las circunstancias.

¿Cómo hacemos esto? Lo hacemos por fe. No apretamos los dientes y decimos: "Señor, no me siento agradecido, pero dijiste que tenemos que dar las gracias, así que voy a dar las gracias, aunque no me sienta agradecido". Esto no es agradecer. Lo hacemos por fe. Lo hacemos confiando en las promesas de Dios. Lo hacemos por fe en las palabras de Dios a través de Pablo en Romanos 8:28-29 cuando dice: "Y sabemos que a los que aman a Dios, todas las cosas les ayudan a bien...". Luego en el versículo 29, define ese *bien* como estar hechos conforme a la imagen del Señor Jesucristo. Esto es lo que busca Dios: conformarnos a la imagen de Cristo. Él permite que vivamos esta clase de circunstancias, que nosotros mismos no elegiríamos. Las trae a nuestra vida porque quiere utilizarlas en su manera de conformarnos cada vez más a la imagen de Cristo. Así por fe podemos decir: "Señor, no sé qué propósito particular tienes con esta dificultad, esta pena o esta prueba, pero dijiste que la usarías para conformarme cada vez más a la imagen de Jesucristo. Por ello te doy las gracias". Damos las gracias por fe.

También actuamos por fe en su promesa de que nunca nos desamparará ni nos dejará. El escritor de Hebreos cita el Antiguo Testamento cuando dice: "...porque Dios ha dicho: «Nunca te dejaré; jamás te abandonaré»" (13:5 NVI). La palabra *nunca* es una palabra absoluta. No significa a veces o la mayor parte del tiempo; significa nunca. Puedes contar con ello. Dios, que no puede mentir, ha dicho en esencia: "Nunca te dejaré; jamás te abandonaré. Puede que te permita que sufras o te haga pasar por situaciones muy difíciles y dolorosas, pero jamás te abandonaré". Después podemos mirar hacia adelante a Romanos 8:38-39, un pasaje que se puede resumir diciendo que Dios ha dicho que nada en toda la creación podrá separarnos de su amor en Cristo Jesús.

Es posible que haya momentos en tu vida en los que todo parezca venirse totalmente abajo y pienses que ya no te queda nada. Déjame decirte que hay dos cosas que Dios nunca te quitará. *Dios nunca te quitará el evangelio.* En los días más difíciles, todavía perseverarás ante Dios revestido de la justicia de Cristo. Tus pecados son perdonados. Incluso tus dudas son perdonadas porque Cristo confió completamente en el Padre por ti. Y, segundo, *Dios nunca te quitará sus promesas.* Estas dos seguridades permanecerán, incluso aunque todo lo demás haya desaparecido. Si llegas al punto de estar como Job, puedes contar con esto. Estarás ante Dios revestido de la justicia de Cristo. Él nunca, nunca te privará del evangelio. Y siempre contarás con su promesa: "Nunca te dejaré; jamás te abandonaré".

Conclusión: Perseverar, no solo resistir, hasta el final
Estos son los cuatro elementos esenciales. Estoy seguro de que hay otras consideraciones importantes, pero creo que estas son fundamentales. Por eso te las recomiendo:

- Pasar un tiempo diariamente en comunión personal con Dios.
- Apropiarse a diario del evangelio.
- Comprometerse a ser un sacrificio vivo para Dios cada día.
- Creer firmemente en la soberanía y el amor de Dios.

Por último, me gustaría añadir otra palabra para meditar en ella cuando pensemos en el tema de ser constantes y resistir hasta el final. Es la palabra *perseverancia*. Esta palabra tiene un significado muy similar a la palabra *resistencia*. *Resistir* significa permanecer firme, y ese es el tema de este libro. Tenemos que permanecer firmes. No debemos dejarnos llevar teológicamente por cada ráfaga de doctrina que surja. No tenemos que ir tras esto y aquello y lo de más allá. Tenemos que mantenernos firmes. Pero, tenemos que hacer algo más que permanecer. Tenemos que ir hacia adelante. Cuando Pablo dice: "...he acabado la carrera..." (2 Ti. 4:7), es obvio que está hablando de movimiento. Y la perseverancia significa seguir avanzando, a pesar de los obstáculos. Así que cuando Pablo dice: "He acabado la carrera", básicamente está diciendo: "He perseverado". Necesitamos mantenernos firmes, y las Escrituras nos exhortan a hacerlo una y otra vez. Pero recuerda, eso significa algo más que estar parado. Si entendemos así la idea, nos equivocaremos. Debemos movernos hacia adelante. Debemos perseverar. Debemos ser como Pablo y decir: "He peleado la buena batalla, he acabado la carrera, he guardado la fe". Ojalá que tú y yo podamos ser como el apóstol Pablo.

Padre nuestro, volvemos de nuevo a darnos cuenta de que cualquiera de nosotros puede convertirse en Demas, y solo mediante tu gracia podemos mantenernos firmes. Por eso, Padre, reconocemos nuestra total dependencia de ti. Reconocemos estar totalmente endeudados contigo. Y te damos gracias por tu bendición. Pero también, Padre, reconocemos nuestra responsabilidad, y oramos para que por tu gracia nosotros seamos capaces de cumplir con nuestra responsabilidad, practicar estas disciplinas que nos permiten mantenernos firmes y terminar la carrera. En el nombre de Jesús. Amén.

Capítulo 2

Envejecer para gloria de Dios
John Piper

*Aun en la vejez y las canas,
oh Dios, no me desampares,
Hasta que anuncie tu poder a la posteridad,
Y tu potencia a todos los que han de venir.*
SALMO 71:18

Envejecer para gloria de Dios significa envejecer de tal manera que haga parecer a Dios glorioso. Significa vivir y morir de una manera que muestre que Él es el Tesoro que todo lo satisface. Esto incluiría, por ejemplo, no vivir como si el mundo fuera nuestro tesoro. La mayoría de las sugerencias que este mundo nos ofrece para nuestro retiro son malas ideas. Nos incitan a vivir de una manera que hace que el mundo parezca nuestro tesoro. Y cuando eso sucede, Dios es rebajado.

Resistirnos con resolución al retiro

Envejecer para gloria de Dios significa resistirse con resolución al típico sueño americano del retiro. Significa estar tan satisfecho con todo lo que Dios promete ser para nosotros en Cristo que vivimos liberados de las ansias que crean el vacío y la inutilidad que sentimos al retirarnos. Más bien, saber que tenemos en el horizonte de nuestra vida una herencia en Dios infinitamente satisfactoria y duradera hace que trabajemos con más celo en los pocos años que nos quedan aquí, para pasarlos en el sacrificio del amor y no en la acumulación de comodidades.

La perseverancia de Ramón Llull

Pensemos en la manera en que Ramón Llull acabó su viaje terrenal. Ramón Llull nació dentro de una familia acomodada en la isla de Mallorca, España, en 1235. Su juventud fue disoluta, pero una serie de visiones lo llevaron a seguir a Cristo. Primero entró en un monasterio, más tarde se hizo misionero en los países musulmanes del norte de África. Aprendió árabe y, tras regresar de las misiones, fue profesor de árabe hasta los sesenta y nueve. Samuel Zwemer describe el fin de su vida de la siguiente manera, que, por supuesto, es justo lo contrario a un retiro.

> Naturalmente, sus alumnos y sus amigos deseaban que terminara sus días en una pacífica búsqueda de conocimientos y buena compañía.
>
> No obstante, ese no era el deseo de Llull... en las reflexiones de Llull leemos... "Oh, Señor, los hombres tienen la costumbre de morirse de viejos por escasez de calor natural y exceso de frío; pero aun así, si fuera tu voluntad, tu siervo no desearía morir; preferiría morir en el calor del amor, como Tú estuviste dispuesto a morir por él".
>
> Los mismos peligros y dificultades que hicieron que Llull se acobardara... en 1291, le impulsaron a ir al norte de África una vez más en 1314. Su amor no se había enfriado, sino que ardía con más fuerza... No solo ansiaba la corona del martirio, sino también ver una vez más a su pequeño grupo de creyentes (en África). Animado por estos sentimientos llegó a Bugia (Argelia) el 14 de agosto y, durante casi un año, trabajó en secreto con un pequeño círculo de convertidos, a quienes había introducido en la fe cristiana en sus visitas anteriores...
>
> Al final, cansado de su aislamiento, y deseando el martirio, salió al exterior y se presentó ante el pueblo diciendo que era el mismo hombre que una vez habían expulsado de la ciudad. Fue como Elías exponiéndose ante una muchedumbre de Acabs. Llull se puso ante ellos y los amenazó con la ira divina si seguían persistiendo en sus errores. Suplicó con amor, pero dijo toda la verdad. Las consecuencias se pueden anticipar fácilmente. Llenos de furia fanática ante su sinceridad, e incapaces de responderle con argumentos, el populacho lo detuvo y lo expulsó de la ciudad; allí por orden del rey, o al menos con su connivencia, fue apedreado el 30 de junio de 1315.[1]

Ramón Llull tenía ochenta años cuando dio su vida por los musulmanes del norte de África. Nada puede estar más alejado del sueño americano del retiro que la manera en que Llull vivió sus últimos días.

Morir para hacer que Cristo parezca grandioso

En Juan 21:19 Jesús le dijo a Pedro "con qué muerte había de glorificar a Dios". Hay diferentes formas de morir. Y hay diferentes formas de vivir justo antes de morir. Pero para el cristiano, todas ellas —la vida final y la muerte— tienen que glorificar a Dios. Todas tienen que mostrar que Cristo —y no este mundo— es nuestro Tesoro supremo.

Envejecer para gloria de Dios significa utilizar cualquier rastro de fuerza, vista, oído, movilidad y recursos que nos queden para apreciar a Cristo por encima de todo y, en ese gozo, servir a los demás; es decir, intentar traerlos con nosotros al gozo eterno de Cristo. Servir a los demás, no a nosotros mismos, mientras se desborda nuestro gran amor por Cristo, demuestra lo grandioso que Él es.

El temor a no perseverar

Uno de los grandes obstáculos de envejecer para gloria de Dios es el temor de que no perseveraremos en valorar a Cristo y a su amado pueblo por encima de todo; que simplemente no lo conseguiremos. No podremos como Pablo en 2 Timoteo 4:7-8:

> He peleado la buena batalla, he acabado la carrera, he guardado la fe. Por lo demás, me está guardada la corona de justicia, la cual me dará el Señor, juez justo, en aquel día; y no sólo a mí, sino también a todos los que aman su venida.

La recompensa de la justicia final llega a aquellos que aman su venida, es decir, los que lo aprecian por encima de todo y quieren estar con Él. Guardar a Cristo como un tesoro debe ser parte de nuestro pelear la buena batalla, terminar la carrera y mantener la fe. La fe significa desear a Cristo y su venida. No se tiene fe si no se quiere a Jesús.

Un gran obstáculo que hay en envejecer para gloria de Dios es el temor a no ser capaces de valorar a Cristo siempre, por encima de todo. Y por eso tememos no poder llevar el fruto del amor que proviene de la fe (Gá. 5:6; 1 Ti. 1:5). Tenemos miedo a no lograrlo. Y la razón principal de que el temor a no perseverar en fe y amor sea un obstáculo para envejecer para gloria de Dios es que las dos formas más comunes de vencer este temor son mortales.

Dos formas mortales de vencer este miedo
Hay dos formas opuestas de arruinar nuestra vida al tratar de vencer este miedo. Una es pensar que perseverar en la fe y el amor no es necesario para la salvación final. Y la otra es pensar que la perseverancia es necesaria, y luego depender de nuestros propios esfuerzos en cierta medida para cumplir con esta necesidad y asegurarnos el favor de Dios. Déjame mostrarte por qué ambas son terriblemente equivocadas y mortales, y después te enseñaré cuál es el modo bíblico de envejecer para gloria de Dios.

Mortal: "La perseverancia no es necesaria"
Es un error pensar que perseverar en la fe y el amor no es necesario para la salvación final. Un error mortal. Jesús dijo en Marcos 13:13: "Y seréis aborrecidos de todos por causa de mi nombre; mas *el que persevere hasta el fin, éste será salvo*". Hebreos 12:14 dice: "Seguid la paz con todos, y *la santidad, sin la cual nadie verá al Señor*". En Gálatas 6:8-9, Pablo dice: "Porque el que siembra para su carne, de la carne segará corrupción; mas el que siembra para el Espíritu, del Espíritu segará vida eterna". Nótese que de estas dos siegas, una es para corrupción, y la otra, para vida eterna. Después en el siguiente versículo dice: "No nos cansemos, pues, de hacer bien; porque a su tiempo segaremos [vida eterna], si no desmayamos".

Por lo tanto, perseverar en los surcos de la fe sembrando el Espíritu y cosechando su fruto de amor es necesario para la salvación final. Pablo dice en 2 Tesalonicenses 2:13 (NVI): "...Dios los escogió para ser salvos *mediante la obra santificadora* del Espíritu y la fe que tienen en la verdad". *Ser salvos mediante la obra santificadora* significa que la santificación —el camino del amor— es el camino por el cual los pecadores salvados van al cielo. Y este es el único camino que lleva al cielo. Por lo anterior, resulta un error trágico y mortal intentar vencer el miedo a no perseverar cuando se envejece diciendo que no es necesario perseverar.

Mortal: "La perseverancia pone o mantiene a Dios de nuestro lado"
Pero el otro modo erróneo de vencer el temor a no perseverar es igual de peligroso. Se ve reflejado cuando uno dice: "Sí, la perseverancia en la fe y el amor es necesaria, y eso significa que debo esperar hasta el último día para que Dios esté para mí al cien por ciento. Dependo de mí mismo para conseguir todo su favor. Puede que Él me haya iniciado en la fe cristiana a través de la fe solo en Cristo, pero la perseverancia ocurre de otra manera. Que Dios siga concediéndome su favor depende de lo que yo haga". Eso, te lo aseguro, es mortal y conduce a la desesperación o al orgullo. Y desde luego, no a la perseverancia.

¿Qué tiene esto de malo? Podemos saberlo si nos hacemos la siguiente pregunta: ¿cuándo se pone Dios de forma irrevocable y total de nuestro lado, no al noventa y nueve sino al ciento por ciento? ¿Será hasta el fin del mundo, en el día del juicio, cuando haya visto ya toda nuestra vida y la haya medido para ver si merecemos que esté de nuestro lado? Eso no es lo que enseña la Biblia.

La Palabra dice que Dios está irrevocablemente de nuestro lado al cien por ciento en el momento de la justificación, es decir, en el momento en que vemos a Cristo como un hermoso Salvador y lo recibimos como nuestro castigo sustituto y nuestra perfección sustituta. Toda la ira de Dios, toda la condenación que merecemos, fue vertida sobre Jesús. Todas las demandas de Dios para que seamos justos se cumplieron en Cristo. Desde el momento en que vemos (¡por su gracia!) este Tesoro y lo recibimos de esta manera, su muerte cuenta como si fuera nuestra muerte, su condena, como nuestra condena, y su justicia, como nuestra justicia. Y Dios se pone de nuestro lado irrevocablemente y para siempre desde ese momento.

"Concluimos, pues, que el hombre es justificado por fe sin las obras de la ley" (Ro. 3:28). "Justificados, pues, por la fe, tenemos paz para con Dios por medio de nuestro Señor Jesucristo" (Ro. 8:1). En Jesucristo —en unión con Él solo por la fe, recibiendo todo lo que Él es para nosotros—, Dios se pone de nuestro lado al cien por ciento, total e irrevocablemente. Y las implicaciones de esto se explican en Romanos 8:31-35 (NVI):

...Si Dios está de nuestra parte, ¿quién puede estar en contra nuestra? El que no escatimó ni a su propio Hijo, sino que lo entregó por todos nosotros, ¿cómo no habrá de darnos generosamente, junto con él, todas las cosas? ¿Quién acusará a los que Dios ha escogido? Dios es el que justifica. ¿Quién condenará? Cristo Jesús es el que murió, e incluso resucitó, y está a la derecha de Dios e intercede por nosotros. ¿Quién nos apartará del amor de Cristo?...

La respuesta a esa pregunta es: *¡Nadie!* Lo cual significa que todos los que pertenecen a Cristo *perseverarán.* Deben hacerlo y lo harán. ¿Eso es seguro? ¿Por qué? Porque Dios en Cristo ya está el cien por ciento de nuestra parte. La perseverancia no es el medio para conseguir que Dios esté de nuestro lado; es el efecto del hecho de que Dios ya está de nuestro lado. No podemos hacer que Él esté de nuestra parte por nuestras buenas obras porque las obras del verdadero cristiano son el fruto de que Dios ya está de nuestro lado.

"Pero por la gracia de Dios soy lo que soy; y su gracia no ha sido en vano para conmigo, antes he trabajado más que todos ellos; *pero no yo, sino la gracia de Dios* conmigo" (1 Co. 15:10). Mi dedicación no es la causa sino el resultado de la gracia comprada con sangre. "Ocupaos en vuestra salvación con temor y temblor, porque Dios es el que en vosotros produce así el querer como el hacer, por su buena voluntad" (Fil. 2:12-13). Ocuparnos de nuestra salvación no es la causa sino el resultado de que Dios obre en nosotros; de que esté el cien por ciento de nuestra parte.

Si cada esfuerzo que hacemos en la disciplina de la perseverancia es obra de Dios, entonces estos esfuerzos no hacen que Dios esté el cien por ciento de nuestro lado. Son el resultado de que esté ya de nuestro lado el cien por ciento. Él está de nuestro lado porque nosotros ya estamos en Cristo. Y no podemos mejorar la perfección o el sacrificio del Señor. Si por fe estamos en Él, Dios está más de nuestra parte en Cristo de lo que podrá o podría estar jamás. No perseveramos para conseguir esto. Debido a esto, *perseveramos.*

Por lo tanto, cuando el temor a no perseverar llegue a tu mente, no trates de vencerlo diciendo: "No hay peligro, no hace falta perseverar". Sí que hace falta. No habrá salvación al final para los que no peleen la buena batalla, terminen la carrera, mantengan la fe y deseen la venida de Cristo. Y no trates de sobreponerte al temor de no perseverar intentando ganarte el favor de Dios esforzándote en ser recto. El favor de Dios solo se consigue a través de la gracia, solo para su gloria. Él está total e irrevocablemente de nuestra parte el cien por ciento por la obra de Cristo, si estamos en Cristo. Y estamos en Cristo no por los esfuerzos que hagamos sino porque lo hemos recibido como nuestro sacrificio, perfección y Tesoro.

Vencer el temor a no perseverar
Entonces, ¿cuál es la mejor manera de vencer el temor a no perseverar al envejecer? La clave está en seguir encontrando en Cristo nuestro mayor Tesoro. Esta no es una batalla que *pelear*, sino una batalla para *disfrutar*. Seguimos apartando la vista de nosotros mismos y fijándola en Cristo en busca de su ayuda y de la comunión que trajo su sangre, lo cual significa seguir creyendo. Seguimos peleando la batalla de la fe mirando hacia Cristo, valorándolo y recibiéndolo todos los días.

Decirle adiós al temor
Spurgeon dice que Dios aleja el temor de envejecer con sus promesas. Filipenses 1:6: "Estoy convencido de esto: el que comenzó tan buena obra en ustedes la irá perfeccionando hasta el día de Cristo Jesús" (NVI). Primera Corintios 1:8-9: "Él los mantendrá firmes hasta el fin, para que sean irreprochables en el día de nuestro Señor Jesucristo. Fiel es Dios, quien los ha llamado a tener comunión con su Hijo Jesucristo, nuestro Señor" (NVI). Judas 24 dice: "Y a aquel que es poderoso para guardaros sin caída, y presentaros sin mancha delante de su gloria con gran alegría". Romanos 8:30: "Y a los que predestinó, a éstos también llamó; y a los que llamó, a éstos también justificó; y a los que justificó, a éstos también glorificó". Nadie se pierde entre la justificación y la glorificación. Todos los que son justificados son glorificados. La razón para decirnos esto es alejar nuestros temores. Si Dios está de nuestra parte, nadie puede estar en contra nuestra (Ro. 8:31).

La clave para envejecer para gloria de Dios
Por lo tanto, la perseverancia es necesaria para la salvación final y

está asegurada para todos los que están en Cristo. Las obras que hacemos en el camino del amor no hacen que ganemos el favor de Dios, son su resultado. Cristo ganó el favor del Padre. Y nosotros lo recibimos solo por fe. El amor es la forma de demostrar esta fe.

Esta es la clave para envejecer para gloria de Dios. Si pretendemos que el Señor parezca glorioso en los últimos años de nuestras vidas, debemos sentirnos satisfechos en Él. Debe ser nuestro Tesoro. Y la vida que vivimos debe proceder de este Cristo que todo lo satisface. La vida que procede de un alma que vive en Jesús es una vida de amor y servicio. Esto es lo que hará que Cristo parezca grandioso. Cuando nuestros corazones hallen descanso en Él, dejaremos de utilizar a otras personas para satisfacer nuestras necesidades y, en su lugar, nos haremos siervos para satisfacer las de ellos. Al ser algo tan contrario para el corazón humano sin regenerar, destaca como algo bello para seguir o algo condenado a ser crucificado.

Funciona en ambos sentidos. Policarpo, el obispo de Esmirna, ejemplifica ambos y lo que puede significar para nosotros envejecer para gloria de Dios.

La perseverancia de Policarpo

Policarpo era el obispo de Esmirna en Asia menor. Vivió más o menos desde el año 70 al 155. Es famoso por su martirio, que se relata en *The Martyrdom of Polycarp* [El martirio de Policarpo].[2] Habían surgido tensiones entre los cristianos y los que veneraban a César. A los cristianos se les denominaba ateos porque se negaban a adorar a los dioses romanos y no tenían imágenes ni altares de los suyos. En un momento dado, la multitud gritó: "Fuera los ateos; busquemos a Policarpo".

Él se quedó orando en una casita a las afueras de la ciudad y no huyó. Tuvo una visión de una almohada que ardía y le dijo a su compañero: "Es necesario que me quemen vivo". Las autoridades lo buscaron, y fue traicionado bajo tortura por uno de sus sirvientes. Bajó de una habitación que estaba en el piso superior y habló con sus acusadores. "Todos los que estaban presentes se maravillaron por su edad y constancia, y también por el hecho de que hubiera tanta conmoción por la detención de un hombre tan mayor". Pidió permiso para orar antes de ser llevado fuera. Se lo permitieron, y estaba "tan lleno de la gracia de Dios que no se pudo detener en dos horas".

En la ciudad, el gobernador se reunió con él y lo subió a su carruaje intentando persuadirlo para que renegase de Cristo:

—Vamos, ¿qué daño puede hacerte decir: 'Señor César' y ofrecerle incienso... y salvar así la vida?

Él respondió:

—No tengo intención de seguir tu consejo.

Airados, se apresuraron a llevarlo al estadio donde había un gran tumulto.

El procónsul intentó una vez más persuadirlo para que se salvase:

—¡Respeta las normas de la época en que vives...! Jura por el genio de César... Arrepiéntete... Di: "¡Fuera los ateos!" (o sea, los cristianos).

Policarpo se volvió hacia el gentío salvaje de paganos en el estado y mirando al cielo gimió:

—¡Fuera los ateos!

Una vez más, el procónsul dijo:

—Jura, y te liberaré; maldice a Cristo.

Ante esto Policarpo dio su famosa respuesta:

—Ochenta y seis años le he servido, y no me ha hecho ningún mal; ¿cómo puedo blasfemar contra el rey que me salvó?

El procónsul continuó:

—Jura por el genio de César.

Y Policarpo respondió:

—Si te imaginas vanamente que juraría por el genio de César, como tú dices, fingiendo no saber lo que soy, escucha simplemente que soy cristiano.

El procónsul replicó:

—Tengo bestias salvajes; si no te arrepientes, te arrojaré a ellas.

A lo que Policarpo respondió:

—Envía por ellas. Porque arrepentirse de lo bueno para conseguir lo malo no es un cambio que nos podamos permitir; pero cambiar de la crueldad a la justicia es algo noble.

El procónsul dijo:

—Si desprecias a las bestias, haré que seas consumido por el fuego si no te arrepientes.

Policarpo respondió:

—Tú amenazas con el fuego que quema durante una hora y en poco tiempo se apaga; porque no conoces el fuego del juicio que ha de venir, y el fuego del castigo eterno, reservado a los impíos. Pero ¿por qué te demoras? Trae lo que desees.

El procónsul ordenó que se proclamara en voz alta tres veces a la población: "Policarpo se ha confesado cristiano". Cuando la multitud supo que no había bestias disponibles para la tarea, gritaron que lo quemaran vivo. Se reunió la leña, y cuando estaban a punto de sujetarle las manos al tronco con clavos, dijo: "Dejadme como estoy. El que me permitirá resistir el fuego, permitirá también que permanezca en la pira sin moverme, sin ser sujetado por clavos". El fuego no lo consumió, pero uno de los verdugos le clavó un puñal en el cuerpo. "Y toda la multitud se maravilló ante la gran diferencia entre los incrédulos y los elegidos".

Cuando estamos tan satisfechos en Cristo que somos capaces de morir por Él gustosamente, somos libres para amar a los perdidos como nunca antes. Esto demuestra que Cristo es un gran Tesoro.

Una carga para los *baby boomers*

Tengo sesenta y dos años; casi el más viejo de los *baby boomers* (11 enero de 1946) [N. de T.: Un *baby boomer* es una persona nacida inmediatamente después de la Segunda Guerra Mundial entre los años 1945 y 1965]. Detrás de mí, vienen unos sesenta y ocho millones de *boomers*, de entre cuarenta y cuatro y sesenta y dos años de edad. Más de diez mil personas cumplen sesenta años cada día. Si lees las investigaciones sobre el tema, verás que somos una generación egoísta.

> **Cosas que nos gustan**: trabajar desde casa, las vitaminas antiedad, los climatizadores.
> **Cosas que no nos gustan**: las arrugas, los hábitos de sueño de nuestros hijos, la Seguridad Social, la inseguridad.
> **Aficiones**: deportes de poco impacto, ser padres controladores, comer en buenos restaurantes.
> **Lugares frecuentados**: mercados agrícolas, fiestas en los estacionamientos de los estadios, patios traseros.
> **Recursos**: 2.1 billones de dólares.[3]

¿Qué significará envejecer para gloria de Dios en aquel que

pertenece a la generación *baby boomer* en los Estados Unidos? Será una ruptura radical con el pensamiento que tienen los no creyentes que nos rodean. En especial una ruptura con el sueño americano del retiro. Ralph Winter es el fundador del U.S. Center for World Missions [Centro norteamericano para misiones mundiales] y, a sus ochenta años, sigue viajando, dando charlas y escribiendo para la causa de Cristo en misiones mundiales. Escribió un artículo titulado "The Retirement Booby Trap" [La trampa del retiro] hace casi veinticinco años cuando tenía unos sesenta. En ese artículo, decía:

> La mayoría de los hombres no mueren ancianos, mueren al retirarse. Leí en alguna parte que la mitad de los hombres retirados del estado de Nueva York morían a los dos años de retirarse. Salve su vida y la perderá. Al igual que pasa con otras drogas, u otras adicciones psicológicas, el retiro es una enfermedad muy virulenta, no es una bendición...
>
> ¿Dónde se habla en la Biblia de retiro? ¿Se retiró Moisés? ¿Se retiró Pablo? ¿Pedro? ¿Juan? ¿Los oficiales del ejército se retiran en medio de una batalla?[4]

Millones de hombres y mujeres cristianos finalizan sus carreras a los cincuenta o sesenta, y la mayoría de ellos tendrán unos veinte años por delante antes de que sus capacidades físicas y mentales empiecen a fallar. ¿Qué significará vivir esos años finales para gloria de Dios? ¿Cómo viviremos para demostrar que Cristo es nuestro Tesoro más apreciado?

La perseverancia de Charles Simeon

Cuando tuve cáncer de próstata y me operaron a los sesenta, recordé la experiencia de Charles Simeon y oré para obtener el mismo resultado que él.

Simeon fue pastor de la Trinity Church, Cambridge, hace doscientos años. Aprendió una lección muy dolorosa sobre la actitud de Dios hacia su "retiro". En 1807, tras veinticinco años de ministerio en la Trinity Church, enfermó a los cuarenta y siete. Quedó muy débil y tuvo que ampliar su baja laboral. Handley Moule relata la fascinante historia de lo que Dios hizo en la vida de Simeon.

Su enfermedad duró trece años (hasta sus sesenta) y tuvo algunas variaciones. Después desapareció casi de manera inesperada y sin ninguna causa física evidente. Fue en su última visita a Escocia... en 1819, y lo sorprendió justo cuando cruzaba la frontera: "Casi con una fuerza perceptiblemente renovada como la mujer tras tocar el borde de la ropa de nuestro Señor".

Dice que se había prometido, antes de enfermar, que tendría una vida muy activa hasta los sesenta años y que después tendría su sabbat (¡su retiro!). Ahora parecía escuchar a su Maestro decir: "Te mantuve apartado, porque disfrutaste del pensamiento de descansar de tu labor; pero ahora que has llegado justo al período en el que te habías prometido a ti mismo esa satisfacción, pero en cambio has decidido emplear en mí tus esfuerzos hasta la última hora de tu vida, he doblado, triplicado, cuadriplicado tu fortaleza, para que puedas realizar tu deseo en un plan más amplio".[5]

Muchos cristianos ponen sus ojos en "el sabbat" de su vida —descansar, jugar, viajar, etc.— como sustituto del cielo, porque el mundo no cree que haya un cielo más allá de la tumba. La forma de pensar de nuestros coetáneos es que debemos recompensarnos ahora en esta vida por los largos años de trabajo realizado. El descanso y gozo eternos tras la muerte son irrelevantes para ellos. Cuando no se cree en el cielo que ha de venir y uno no se contenta con la gloria de Cristo ahora, se busca el tipo de retiro que persigue el mundo. Pero ¡qué forma tan extraña de recompensa para un cristiano! Veinte años de descanso, mientras se vive en medio de los últimos días de consecuencias infinitas para millones de personas que necesitan a Cristo. ¡Qué forma tan trágica de terminar la vida antes de llegar a la presencia del Rey que terminó su vida de manera muy distinta!

La perseverancia de J. Oswald Sanders

Cuando escuché a J. Oswald Sanders en la capilla de la Trinity Evangelical Divinity School hablando a sus ochenta y nueve años de que había escrito un libro al año para Cristo desde que tenía setenta, todo en mí dijo: "¡Oh Dios, no dejes que desperdicie mis últimos años! No dejes que acepte el sueño americano del retiro: mes tras mes de diversión, juegos, aficiones y de perder el tiempo en el garaje recolocando el mobiliario, de jugar al golf, pescar y sentarme a ver la tele. Señor, ten piedad de mí. Líbrame de esta maldición".

Pasión: Dar a conocer la grandeza de Dios a las futuras generaciones
Esta es mi oración también para ti. Termino con una pasión y una promesa. La pasión está en el Salmo 71:18; una pasión por hacer que las generaciones que dejamos tras nosotros conozcan la grandeza de Dios: "Aun en la vejez y las canas, oh Dios, no me desampares, hasta que anuncie tu poder a la posteridad, y tu potencia a todos los que han de venir". Que Dios nos dé pasión en nuestros últimos años para emplearnos en hacer que Él parezca tan grandioso como es realmente; que nos dé pasión para envejecer para su gloria.

Promesa: Estamos seguros tanto como que Cristo es recto y Dios es justo
La promesa es de Isaías 46:3-4: "…los que sois traídos por mí desde el vientre, los que sois llevados desde la matriz. Y hasta la vejez yo mismo, y hasta las canas os soportaré yo; yo hice, yo llevaré, yo soportaré y guardaré". No temas, cristiano. Perseverarás. Llegarás a casa. Más pronto de lo que crees. Vive peligrosamente por Aquel que te amó y murió por ti cuando tenía treinta años. No malgastes tu vida en el sueño americano del retiro. Tú estás seguro tanto como que Cristo es recto y Dios es justo. No te conformes con nada inferior a las gozosas penas de magnificar a Cristo en los sacrificios del amor. Y después, en el último día, escucharás decir: "Bien, buen siervo y fiel… entra en el gozo de tu señor" (Mt. 25:21, 23).

Capítulo 3

Certezas que conducen a un ministerio duradero
John MacArthur

Cuando todavía era un jovencito, mi padre me recordó las palabras del apóstol Pablo: "...tomad toda la armadura de Dios, para que podáis resistir en el día malo, y habiendo acabado todo, estar firmes" (Ef. 6:13). Después dijo algo que nunca olvidaré: "Muchas personas han dicho y hecho muchas cosas, pero cuando el humo se disipa, no todas permanecen en pie". Y me señaló en aquellos tempranos años hacia el epitafio de Pablo: "He peleado la buena batalla, he acabado la carrera, he guardado la fe" (2 Ti. 4:7). Mi padre me retó en esa temprana época de mi vida a hacer de esto mi objetivo.

Agradecer el pasado y el futuro

Mi padre se fue al cielo en el 2005 a los noventa y un años y todavía a esa edad seguía enseñando la Biblia cada domingo. Su padre, mi abuelo, murió mucho más joven de cáncer; mi padre recordaba claramente haber estado sentado a su lado en la cama. Creo que tendría unos nueve o diez años entonces, cuando mi padre le dijo:

—Papá, ¿quieres algo?

—Quiero predicar un sermón más —contestó él.

Él había preparado un sermón y no lo había predicado, pero sentía, como el profeta Jeremías, que había en su corazón un fuego ardiente metido en sus huesos; trató de sufrirlo, y no pudo (ver Jer. 20:9). Ante esto, mi padre tomó las notas de mi abuelo, las imprimió y las repartió en el funeral. El título de aquel sermón era "Archivos celestiales". Así mi abuelo predicó *sobre* el cielo *desde* el cielo.

No puedo agradecer lo suficiente a Dios por el legado de esos hombres que fueron fieles hasta el final. Y por otro lado, todavía agradezco más que mis cuatro hijos conozcan y amen a nuestro Señor y eduquen a sus hijos en su sustento y exhortación. Recientemente, un domingo por la noche, bauticé a dos de mis nietos. Estaba en el agua escuchando los preciosos testimonios de Ty y Olivia, primos entre sí y ambos nietos míos. Sus padres y yo apenas podíamos contener nuestra gratitud hacia Dios por su gracia en nuestras vidas y por la bendición que la Grace Community Church ha sido para nosotros. No hay nada parecido al grandioso, incansable, amplio y unificado esfuerzo que toda una congregación piadosa que enseña la verdad sobre las Escrituras puede aportar a los jóvenes. Me llena de alegría esta iglesia en la que he tenido el privilegio de ser pastor todos estos años, y especialmente me gozo al ver a mi familia crecer en ella y estar anclados espiritualmente allí.

Querer irse y empezar en cualquier otra parte
Muchos pastores se trasladan de una iglesia a otra y sirven en numerosas iglesias a lo largo de su vida. A veces las dificultades del ministerio casi me han hecho desear hacer lo mismo. Nunca olvidaré hace muchos años el día que iba de camino a una reunión de personal en la que me esperaban cinco jóvenes a los que había discipulado personalmente. Me preocupé por esos hombres, reuniéndome con ellos muy temprano por la mañana durante la semana para tratar temas espirituales, orar por ellos y formarlos como pastores para que trabajaran conmigo. Al entrar no pude evitar decir:

—Quiero decirles lo mucho que los quiero.

Uno de ellos respondió:

—Será mejor que deje de creer que somos sus amigos.

Después intentaron reunir apoyos de entre el resto del personal y de los ancianos para destituirme como pastor y expulsarme del púlpito. No lo consiguieron, pero el triste resultado fue que cuatro de ellos abandonaron el ministerio para siempre. Fue casi más de lo que podía soportar. Me *hubiera* ido si hubiera habido cualquier otro sitio a donde ir. Eso ocurrió en mi octavo año en el púlpito de Grace.

En un período de unos dieciocho años, doscientas cincuenta personas abandonaron la iglesia. Decían que mi predicación era demasiado larga, demasiado irrelevante, demasiado aburrida y muchas otras cosas. Algunos eran ancianos de la iglesia, y eso hizo que me sintiera tentado a cuestionarlo todo. Una vez más me hubiera ido, pero nadie me enviaba invitaciones. Sin embargo, todo sucedió por la gracia de Dios.

Lo mejor viene ahora porque...
Agradezco todo lo que he pasado, porque este es el mejor momento, el más maravilloso, satisfactorio y gratificante de toda mi vida. Doy gracias a Dios por todos los días que me ha permitido pastorear en la Grace Church. Muchos me preguntan cómo he podido tener un ministerio tan largo y duradero. Desde la perspectiva de Dios, su divina y soberana providencia ha obrado de mil maneras (conocidas o desconocidas para mí) para que yo esté donde estoy. Pero ¿y desde mi punto de vista? Te diré inmediatamente que no voy a presentar ninguna idea sabia, ni enfoques novedosos o ideas imaginativas que haya podido desarrollar. No tengo ninguna técnica innovadora que recomendarte. No he inventado ninguna estrategia inteligente. No confío en los esquemas y las estrategias del hombre, sobre todo en lo que se refiere a realizar la obra de Dios, así que ofrecerte un programa de ese tipo está totalmente lejos de mi pensamiento.

Solo me he comprometido a hacer una cosa: *centrar toda mi vida en principios bíblicos, sana doctrina y verdad divina*. Como las circunstancias de la vida cambian continuamente, y las arenas de las modas humanas son movedizas, el fundamento sólido sobre el que debemos edificar es la Palabra de Dios. Desde aquella época con mi padre, he buscado ser como el hombre del Evangelio de Lucas al que Jesús le dijo que construyera su casa cavando *hondo* y poniendo los fundamentos sobre una roca (Lc. 6:48). Sin embargo, eso no sucede solo porque tú *quieras*. No basta con hablar de ello para que se produzca, contrario a lo que algunos creen. Como dijo Jesús, no se trata solo de acercarse a Él y escuchar sus palabras, sino de actuar de acuerdo a ellas (Lc. 6:47). Esto hace que una persona sea como el sabio constructor del que Él habla. La bendición no procede de saber sino de hacer, como Jesús le dijo a sus discípulos en el aposento alto (Jn. 13:17).

Pablo en el monte Everest de su vida

Mi padre me señaló hacia uno de los constructores más sabios cuando me citó la vida y las palabras de Pablo en mi juventud. Cuando el apóstol escribió su última carta sobre pelear la buena batalla, incluso hasta el fin de los días, estaba en el monte Everest de su vida, respirando el enrarecido aire que solamente comprenden los que no solo escalan hasta la cima misma, sino que además lo hacen con nobleza e integridad. Pablo fue capaz de hacer eso, aunque todos en Asia lo habían abandonado. El resto de 2 Timoteo 4 indica que su vida —incluso al final— estuvo llena de las típicas decepciones. No había una gran multitud vitoreándolo cuando llegó al momento épico y se acercó finalmente a la línea de llegada. De hecho, la iglesia le había retirado su afecto hacía mucho tiempo, y el mundo estaba a punto de cortarle la cabeza.

El ascenso de Pablo era, en cierto sentido, un descenso

Volvamos a la vida de Pablo al principio de 2 Corintios:

> Bendito sea el Dios y Padre de nuestro Señor Jesucristo, Padre de misericordias y Dios de toda *consolación*, el cual nos *consuela* en todas nuestras *tribulaciones*, para que podamos también nosotros consolar a los que están en cualquier tribulación, por medio de la *consolación* con que nosotros somos *consolados* por Dios. Porque de la manera que abundan en nosotros las *aflicciones* de Cristo, así abunda también por el mismo Cristo nuestra *consolación*. Pero si somos *atribulados*, es para vuestra *consolación* y salvación; o si somos *consolados*, es para vuestra *consolación* y salvación, la cual se opera en el *sufrir* las mismas *aflicciones* que nosotros también padecemos. Y nuestra esperanza respecto de vosotros es firme, pues sabemos que así como sois compañeros en las *aflicciones*, también lo sois en la *consolación*. Porque hermanos, no queremos que ignoréis acerca de nuestra *tribulación* que nos sobrevino en Asia; pues fuimos abrumados sobremanera más allá de nuestras fuerzas, de tal modo que aun perdimos la esperanza de conservar la vida. Pero tuvimos en nosotros mismos *sentencia de muerte*, para que no confiásemos

en nosotros mismos, sino en Dios que resucita a los muertos (1:3-9).

La consolación llegó porque la vida de Pablo estaba saturada de tribulación y aflicción. Todo lo que le podía ocurrir a ese hombre le ocurrió: persecución física, privación, enfermedades, además de batallas espirituales y decepciones. El tema central de 2 Corintios, en realidad, es una crónica de los altibajos de Pablo:

- "...estamos atribulados en todo, mas no angustiados; en apuros, mas no desesperados; perseguidos, mas no desamparados; derribados, pero no destruidos; llevando en el cuerpo siempre por todas partes la muerte de Jesús, para que también la vida de Jesús se manifieste en nuestros cuerpos. Porque nosotros que vivimos, siempre estamos entregados a muerte por causa de Jesús, para que también la vida de Jesús se manifieste en nuestra carne mortal" (4:8-11).

- "...nos recomendamos en todo como ministros de Dios, en mucha paciencia, en tribulaciones, en necesidades, en angustias; en azotes, en cárceles, en tumultos, en trabajos, en desvelos, en ayunos... deshonra... como engañadores... como no teniendo nada..." (6:4-10).

- "...cuando vinimos a Macedonia, ningún reposo tuvo nuestro cuerpo, sino que en todo fuimos atribulados; de fuera, conflictos; de dentro, temores. Pero Dios, que consuela a los humildes, nos consoló..." (7:5-6).

¿Sufrió incluso de depresión el gran apóstol Pablo? Sí.

- "¿Son ministros de Cristo? (Como si estuviera loco hablo.) Yo más; en trabajos más abundante; en azotes sin número; en cárceles más; en peligros de muerte muchas veces. De los judíos cinco veces he recibido cuarenta azotes menos uno. Tres veces he sido azotado con varas; una vez apedreado; tres veces he padecido naufragio; una noche y un día he estado como náufrago en alta mar; en caminos muchas veces; en peligros de ríos, peligros de ladrones, peligros de los de mi nación, peligros de los gentiles, peligros en la ciudad, peligros en el desierto, peligros en el mar, peligros entre falsos hermanos; en trabajo y fatiga, en muchos desvelos, en hambre y sed, en muchos ayunos, en frío y en desnudez; y además de otras cosas, lo que sobre mí se agolpa cada día, la preocupación por todas las iglesias. ¿Quién enferma, y yo no enfermo? ¿A quién se le hace tropezar, y yo no me indigno?" (11:23-29).

- "Y para que la grandeza de las revelaciones no me exaltase desmedidamente, me fue dado un aguijón en mi carne, un mensajero de Satanás que me abofetee, para que no me enaltezca sobremanera; respecto a lo cual tres veces he rogado al Señor, que lo quite de mí. Y me ha dicho: Bástate mi gracia; porque mi poder se perfecciona en la debilidad. Por tanto, de buena gana me gloriaré más bien en mis debilidades, para que repose sobre mí el poder de Cristo. Por lo cual, por amor a Cristo me gozo en las debilidades, en afrentas, en necesidades, en persecuciones, en angustias; porque cuando soy débil, entonces soy fuerte" (12:7-10).

Deseo que veas todos estos pasajes porque ese es el hombre que llegó hasta el final y dijo: "He peleado la buena batalla, he acabado la carrera, he guardado la fe". ¿Cómo se las arregló Pablo para hacerlo? Las decepciones a las que tuvo que enfrentarse fueron suficientes como para vencerlo totalmente. De hecho, el principal motivo para escribir 2 Corintios fue que la iglesia le había dado la espalda para seguir a falsos maestros, ¡tras haber invertido casi dos años de su vida en darles a conocer a Cristo! Pablo conoció el dolor del amor no correspondido. A veces parecía que cuanto más los amaba, menos lo amaban ellos a él. Algunas personas de la iglesia incluso lo criticaban por cómo lucía. Decían que su apariencia era inexpresiva, y su discurso, totalmente carente de valor, que era como decir que era feo y no sabía comunicarse. Ahora bien, si se es feo pero capaz de comunicarse, se puede triunfar; o si uno es guapo y simplemente habla, puede sobrevivir algún tiempo. Pero los falsos maestros estaban intentando atacarlo por todos los frentes. Querían desacreditar a Pablo tanto como fuera posible para poder eliminar la confianza que muchos tenían en él y reemplazar sus enseñanzas con las mentiras de ellos.

Es difícil soportar tal rechazo cuando uno se ha entregado tanto a una congregación. Yo no he llegado a tener que soportar tanto como Pablo, pero he estado en una iglesia el tiempo suficiente como para ver casi cualquier tipo de ataque a mi personalidad, vida y ministerio; por eso, he hecho un estudio sobre la vida de Pablo para aprender a sobrevivir. Una frase con la que me he quedado es: "No desmayamos" (4:16). El término griego es *ekkakeo*, que contiene la raíz *kak*, que siempre hace referencia al mal, al pecado, a la caída. Esto es mucho más que simplemente sentirse desalentado o quemado; es comprometerse a no rendirse espiritualmente, ya sea por cobardía, pereza, inmoralidad, indiferencia o abandono de nuestro llamado y deber. Pero ¿cómo?

Pablo adoptó la superioridad del nuevo pacto

Primero, Pablo aceptó de todo corazón la superioridad del nuevo pacto: "Por lo cual, teniendo nosotros este ministerio según la misericordia que hemos recibido, no desmayamos" (2 Co. 4:1). El ministerio al que se estaba refiriendo se describe en el capítulo anterior como "ministerio del espíritu" (v. 8) y "ministerio de justificación" (v. 9), en contraste con el ministerio de condenación. Es el ministerio del nuevo pacto, que predijo el Antiguo Testamento:

> He aquí que vienen días, dice Jehová, en los cuales haré nuevo pacto con la casa de Israel y con la casa de Judá. No como el pacto que hice con sus padres el día que tomé su mano para sacarlos de la tierra de Egipto; porque ellos invalidaron mi pacto, aunque fui yo un marido para ellos, dice Jehová. Pero este es el pacto que haré con la casa de Israel después de aquellos días, dice Jehová: Daré mi ley en su mente, y la escribiré en su corazón; y yo seré a ellos por Dios, y ellos me serán por pueblo (Jer. 31:31-33).

Ese pacto es la salvación en Jesucristo. Es mejor porque el nuevo pacto da *vida*: Dios "...nos hizo ministros competentes de un nuevo pacto, no de la letra, sino del espíritu; porque la letra mata, mas el espíritu vivifica" (2 Co. 3:6). Las leyes de Moisés daban sentencia de muerte; el evangelio de Jesucristo da vida. Pablo explicó que aunque el antiguo pacto era un "ministerio de condenación" (v. 9) tenía cierta gloria porque es una reflexión de la santidad de

Dios. No obstante, el nuevo pacto tiene una gloria superior porque proporciona perdón y justicia duradera (vv. 10-11).

También da *esperanza*, que produce *valor*. Por eso Pablo escribió: "Así que, teniendo tal esperanza, usamos de mucha franqueza" (v. 12).

Es *claro*, porque el antiguo estaba velado, pero en el nuevo, el velo ha sido quitado (vv. 13-14).

Está *centrado en Cristo*, porque el velo es quitado "por Cristo" (v. 14).

Está *capacitado por el Espíritu*, nos transforma a imagen misma del Señor desde un nivel de gloria al siguiente (vv. 17-18).

Conocer el evangelio, creer en él de todo corazón, y sentirnos llamados a proclamarlo es el privilegio más noble y exaltado que cualquier persona pueda tener. Esto llevó a Pablo a escribir:

> Mas a Dios gracias, el cual nos lleva siempre en triunfo en Cristo Jesús, y por medio de nosotros manifiesta en todo lugar el olor de su conocimiento. Porque para Dios somos grato olor de Cristo en los que se salvan, y en los que se pierden; a éstos ciertamente olor de muerte para muerte, y a aquéllos olor de vida para vida. Y para estas cosas, ¿quién es suficiente? (2 Co. 2:14-16).

A pesar de todo, Cristo vence al final.

Si preguntase quiénes son los más importantes de una ciudad, probablemente le dirían el alcalde, los concejales y aquellos que dirigen los programas educativos. Esta *no* es la manera en la que Cristo respondería a la pregunta. Hay un grupo central de personas en todas las ciudades que influyen en otros para la eternidad. Tienen un efecto profundo en la condena y la salvación de las personas, un aroma de muerte o de vida. ¿Quién por sí mismo podría tener este tipo de efecto? A Pablo lo dejó sorprendido el divino privilegio del ministerio y nunca lo perdió de vista.

Mi hijo Marcos, cuando tenía dieciséis años, se sentó a mi lado y me dijo sabiamente: "Papá, cuando predicas, eres algo especial. Pero el resto del tiempo, no eres nada especial". ¡Tenía toda la razón! Él estaba tratando de entender qué le ocurría a su padre cuando se subía al púlpito. Allí lo que digo tiene poder divino cuando proclamo la Palabra de Dios con exactitud. En casa, cuando tengo una buena idea para arreglar algo, suele ser una estupidez; pero cada vez que alguien se acerca a mí y me dice: "Después de oírlo predicar, he venido a Cristo", siento ganas de dar un paso atrás asombrado y tomar aire. Si deseas tener un ministerio duradero, no pierdas nunca la sensación de maravilla y gloria del nuevo pacto: el mensaje que el mundo ha estado esperando. Está aquí, tú lo sabes, y Dios te utilizará para proclamarlo. *Tú importas*. No hay nadie en este planeta tan poderoso como el pueblo de Dios, porque nosotros causamos un efecto en la eternidad.

Pablo asumió la realidad de que el ministerio es una bendición
Volvamos a 2 Corintios 4:1, donde Pablo dijo: "Por lo cual, teniendo nosotros este ministerio según la misericordia que hemos recibido, no desmayamos". Él asumió la realidad de que el ministerio es una bendición, que es gracia que se recibe sin merecerla. La respuesta piadosa es gratitud, como vemos en las palabras de Pablo a Timoteo:

> Doy gracias al que me fortaleció, a Cristo Jesús nuestro Señor, porque me tuvo por fiel, poniéndome en el ministerio, habiendo yo sido antes blasfemo, perseguidor e injuriador; mas fui recibido a misericordia porque lo hice por ignorancia, en incredulidad. Pero la gracia de nuestro Señor fue más abundante con la fe y el amor que es en Cristo Jesús. Palabra fiel y digna de ser recibida por todos: que Cristo Jesús vino al mundo para salvar a los pecadores, de los cuales yo soy el primero (1 Ti. 1:12-15).

A veces los pastores me comentan: "Mi iglesia no me trata bien. Merezco que me traten mejor". ¿De verdad? Recuerda que tu salvación es una bendición. Que no estés en el infierno es una bendición. El ministerio en sí es una bendición. Las personas a menudo dicen que el ministerio los consume, pero hace tiempo que me di cuenta de que esto *no* se debe a que el trabajo sea demasiado extenuante. No oirás quejarse a alguien que se dedica a cavar zanjas, de que su trabajo lo consume. Lo que hace que muchos se sientan consumidos es el desaliento, y el desaliento va unido a expectativas irreales. Sin embargo, si te das cuenta de que no mereces nada y que todo lo que hay de bueno en tu vida se debe a la gracia de Dios, entonces sabrás lo que necesitas para poder sentirte bien.

¿Qué pasó con esas doscientas cincuenta personas que se fueron de la iglesia? Estuve tentado a actuar según la carne y decir: "Esas personas no me aprecian. No tengo por qué soportar esto", y después irme a mi casa a quejarme ante mi esposa. Sin embargo, la respuesta correcta es: "No merezco estar aquí enseñando a toda esta congregación. Si *todos* se van de la iglesia el domingo que viene, tendré lo que me merezco". Es una bendición que no haya afectado tanto a mi esposa como para que se vaya. Es una bendición que no haya decepcionado a mis hijos y les haya hecho abandonar a Cristo. Es una bendición que no me haya subido al púlpito a decir tonterías tan grandes como para que la congregación me expulse de la ciudad.

Pablo aceptó la necesidad de un corazón puro
Hay un tercer elemento que quiero mencionarte. Pablo sigue diciendo:

> ...no desmayamos. Antes bien renunciamos a lo oculto y vergonzoso, no andando con astucia, ni adulterando la palabra de Dios, sino por la manifestación de la verdad recomendándonos a toda conciencia humana delante de Dios" (2 Co. 4:1-2).

¿Qué es más importante que la santidad? "...limpiémonos de toda contaminación de carne y de espíritu, perfeccionando la santidad en el temor de Dios", escribe Pablo un poco más adelante (7:1). Quería presentar la iglesia a Cristo "como una virgen pura" (11:2). Pablo admite su temor: "que cuando vuelva, me humille Dios entre vosotros, y quizá tenga que llorar por muchos de los que antes han pecado, y no se han arrepentido de la inmundicia y fornicación y lascivia que han cometido" (12:21). Pablo escribió contra todas las formas de pecado y las clasificó en listas personales útiles que aplicó primero a sí mismo. Por eso no tenía una vida secreta de pecado, lo cual es particularmente significativo, ya que era un ex fariseo maestro de la hipocresía. Según Jesús en Mateo 23, los fariseos eran sepulcros blanqueados llenos de huesos de muertos y de podredumbre; eran maestros que encubrían la vergüenza.

El tiempo y la verdad van de la mano: pasado el tiempo suficiente, la verdad *sale* a la luz. Santiago explicó que la concupiscencia, después que ha concebido, da a luz al pecado; y el pecado, siendo consumado, da a luz la muerte (ver Stg. 1:14-15). He pasado más de cincuenta años en la misma congregación. Algunas de esas amadas personas saben todo lo que hay que conocer sobre mis altibajos y sobre mis hijos y nietos. Si tienes una vida secreta, esta acabará saliendo a la luz, y saldrás perdiendo. La única manera de evitar ese problema es tratar el pecado del corazón a diario.

Pablo comentó honestamente: "Porque nuestra gloria es esta: el testimonio de nuestra conciencia, que con sencillez y sinceridad de Dios, no con sabiduría humana, sino con la gracia de Dios, nos hemos conducido en el mundo, y mucho más con vosotros" (2 Co. 1:12). La conciencia no es una corte celestial, sino la corte terrenal suprema, porque es el sistema de advertencia del alma. Romanos 2 explica que la conciencia nos acusa o nos excusa. Es al alma lo que el dolor es al cuerpo. Nuestra conciencia nos hace sentirnos culpables, ansiosos, desvelados y llenos de remordimientos, o nos trae gozo, reafirmación, paz y satisfacción.

Recuerdo que hace unos años leí que un avión de Avianca voló directo a una montaña. Era un *Boeing* lleno de pasajeros que estaba a punto de aterrizar. Cuando el radar del avión detectó que este estaba fuera de su curso y se dirigía hacia una montaña, se activó una alarma electrónica que decía en inglés: *¡Sube! ¡Sube! ¡Sube!* Inexplicablemente, el piloto *no* subió. El último sonido tomado en la caja negra fue el piloto que decía: "¡Cállate, gringo!", justo antes de apagar el sistema de alarma. Menos de un minuto después, chocó contra la montaña, y todo el mundo a bordo murió al instante. El radar describió la realidad, el sistema de alarma funcionó, pero el piloto hizo exactamente lo que hacen muchos imprudentes con su conciencia.

Dios ha puesto dentro de cada uno de nosotros una conciencia que actúa como sistema de alarma. Cuanto más saturemos nuestra conciencia con la Palabra de Dios, mejor informados estaremos y más útil nos será. Ese fue el testimonio que escribió el rey David: "En mi corazón he guardado tus dichos, para no pecar contra ti" (Sal. 119:11). Ese fue el testimonio de Pablo, quien podría decir: "Mi conciencia está clara. Estoy ganando la batalla desde dentro".

En 1749 Charles Wesley escribió un himno poco conocido titulado "I Want a Principle Within" [Quiero un principio dentro]. Creo que debería ser cantado más a menudo como forma de autoprotección.

Quiero un principio dentro
Del temor vigilante y santo,
Una sensibilidad hacia el pecado,
Dolor al sentirlo cercano.
Quiero sentir cómo se aproxima
El orgullo o el deseo erróneo,
Para atrapar mi voluntad errante
Y apagar el fuego encendido.

Que nunca más me extravíe de ti,
Que no me aflija tu bondad
Concédeme el sobrecogimiento filial,
Dame una conciencia sensible.
Haz que sea mi conciencia
Rápida como la vista;
Despierta mi alma cuando el pecado esté cerca,
Y mantenla despierta.

Dios todopoderoso de verdad y amor,
Transmíteme tu poder;
Llévate la montaña de mi alma,
La dureza de mi corazón.
Que la más pequeña omisión
Hiera mi reavivada alma,
Y condúceme de nuevo a esa sangre,
Que sana a los heridos.

Pablo aceptó el deber de utilizar acertadamente la Palabra de Dios
Pablo explicó a la iglesia de Corinto que él y sus compañeros en Cristo firmemente habían renunciado a lo oculto y vergonzoso, no andando con astucia ni adulterando la palabra de Dios, sino por la manifestación de la verdad se habían recomendado a toda conciencia humana delante de Dios (ver 2 Co. 4:2). La palabra griega que se traduce como "astucia" (*panourgia*) refleja a alguien capaz de hacer cualquier cosa para conseguir sus objetivos actuando de forma sagaz, sin escrúpulos y engañosa. Hay muchos ministerios, llamados erróneamente así, de ese tipo, pero todos los ministerios verdaderos de Jesucristo evitan las técnicas manipuladoras, siguiendo el ejemplo de Pablo y los suyos: "Pues no somos como

muchos, que medran falsificando la palabra de Dios, sino que con sinceridad, como de parte de Dios, y delante de Dios, hablamos en Cristo" (2:17). No hay nada que purifique tanto los motivos de una persona como recordar que "...las cosas están desnudas y abiertas a los ojos de aquel a quien tenemos que dar cuenta" (He. 4:13).

Sé fiel a la Palabra de Dios. Ten un compromiso constante con la fidelidad bíblica. Si no lo haces, no podrás sobrevivir mucho tiempo en un lugar. Tendrás que llevar tu espectáculo al ámbito de las giras o a la televisión, donde es más fácil manipular a las personas, ya que no tienen que conocer cómo eres realmente en el día a día. Si manipulo un pasaje de las Escrituras con fines egoístas, al final me van a atrapar. Mi compromiso más bien es seguir el mandato de Pablo a Timoteo: "Procura con diligencia presentarte a Dios aprobado, como obrero que no tiene de qué avergonzarse, que usa bien la palabra de verdad" (2 Ti. 2:15). Esto requiere trabajar duro y estudiar mucho, pero en eso consiste el llamado al ministerio.

La verdad de las Escrituras tiene un aliado en un lugar extraño, el corazón humano:

> Porque cuando los gentiles que no tienen ley, hacen por naturaleza lo que es de la ley, éstos, aunque no tengan ley, son ley para sí mismos, mostrando la obra de la ley escrita en sus corazones, dando testimonio su conciencia, y acusándoles o defendiéndoles sus razonamientos (Ro. 2:14-15).

No hay aliado en el corazón humano para tus pensamientos e ideas, pero *sí* lo hay para la verdad divina, así que ten cuidado y manéjala con acierto con el objeto de que produzcas los mejores resultados posibles.

Pablo asumió la verdad de que los resultados del ministerio no dependían de él

Pablo continuó:

> Pero si nuestro evangelio está aún encubierto, entre los que se pierden está encubierto; en los cuales el dios de este siglo cegó el entendimiento de los incrédulos, para que no les resplandezca la luz del evangelio de la gloria de Cristo, el cual es la imagen de Dios (2 Co. 4:3-4).

Pablo se dio cuenta de que no tenía el control último de los resultados de su ministerio evangelizador.

Este es el mismo punto que Jesús aclaró muy bien en la parábola del sembrador, la cual Él pensó que era importante. Él dijo: "...¿No sabéis esta parábola? ¿Cómo, pues, entenderéis todas las parábolas?" (Mr. 4:13). La siembra revela que el terreno tiene diferentes niveles de receptividad, pero si hoy alguien fuera a reinventar esta parábola para representar las ideas del evangelismo, diría algo parecido a esto:

> Había una tierra y cuatro sembradores. Un sembrador tenía una técnica evangelizadora particular que no dio resultado alguno. El segundo sembrador tenía otra técnica evangelizadora que dio resultado durante algún tiempo. El siguiente también tenía una técnica que produjo una respuesta superficial. Pero finalmente llegó el cuarto sembrador que tenía la técnica correcta y tuvo treinta, sesenta y cien respuestas porque todo depende de la técnica que se utilice.

Pero Jesús *no* contó así la historia. Él se centró en la tierra, no en el sembrador. Todos sembramos la misma semilla, pero solo Dios puede arar el terreno.

Hay serios fallos en la teología de mercado. Quizá el más importante sea la idea de que la principal tarea del predicador es vencer la resistencia del consumidor para persuadirlo a comprar este producto llamado Jesús. *¡Fuera esa idea!* Ya es suficientemente malo que la noción sea blasfema, además es completamente ineficaz, porque la razón fundamental para que el consumidor se resista al evangelio es demasiado grande para que tú o yo la resolvamos. Déjame decirlo de otra manera: si intento vender jabón a los cadáveres de una funeraria, no creo que vaya a tener mucho éxito. No estoy exagerando, porque el Espíritu Santo describe el estado espiritual de los no creyentes de esta manera:

> Y él os dio vida a vosotros, cuando estabais muertos en vuestros delitos y pecados, en los cuales anduvisteis en otro tiempo, siguiendo la corriente de este mundo, conforme al príncipe de la potestad del aire, el espíritu que ahora opera en los hijos de desobediencia (Ef. 2:1-2).

Así que "...si nuestro evangelio está aún encubierto...", dice Pablo, está encubierto para aquellos que están en estado de destrucción, multiplicado por el hecho de que "...el dios de este siglo [Satanás] cegó el entendimiento de los incrédulos, para que no les resplandezca la luz del evangelio de la gloria de Cristo, el cual es la imagen de Dios" (2 Co. 4:3-4).

Trata de captar esta idea: todo lo que hacemos como creyentes aquí en la tierra será mejor en el cielo, excepto una cosa, la evangelización, porque no habrá nadie en el cielo que no haya aceptado ya el evangelio. La evangelización es la Gran Comisión que el Señor nos ha dado. Nos dijo que fuéramos por todo el mundo predicando el evangelio, aunque después nos advierte que la audiencia es sorda y ciega. Me recuerda lo que le sucedió a Isaías, que tuvo una visión de Dios en el cielo. Él le dio un mensaje para que lo entregara:

> ...Anda, y di a este pueblo: Oíd bien, y no entendáis; ved por cierto, mas no comprendáis. Engruesa el corazón de este pueblo, y agrava sus oídos, y ciega sus ojos, para que no vea con sus ojos, ni oiga con sus oídos, ni su corazón entienda, ni se convierta, y haya para él sanidad (Is. 6:9-10).

E Isaías naturalmente preguntó: "¿Hasta cuándo, Señor?". El Señor respondió que tardaría algún tiempo y que la mayoría de las personas sería destruida, pero no toda, porque Él establecería la "simiente santa" (v. 13). La salvación es una obra de Dios. Jesús respondiendo a la pregunta: "¿Quién, pues, podrá ser salvo?", dijo: "Lo que es imposible para los hombres, es posible para Dios" (ver Lc. 18:26-27).

Un periodista me preguntó hace varios años:
—¿Siente muchos deseos de edificar una iglesia?
Yo le contesté:
—¿Bromea? Jesús dijo que *Él* edificaría la iglesia. ¿Cree que quiero competir con Él?

No hay que pasar demasiado tiempo pensando en la tarea de la evangelización desde una perspectiva humana, pero un poco de reflexión nos puede ayudar a dar gracias a Dios por su obra en la salvación. Así lo explicó Pablo:

> Porque la palabra de la cruz es locura a los que se pierden; pero a los que se salvan, esto es, a nosotros, es poder de Dios. Pues

está escrito: Destruiré la sabiduría de los sabios, Y desecharé el entendimiento de los entendidos. ¿Dónde está el sabio? ¿Dónde está el escriba? ¿Dónde está el disputador de este siglo? ¿No ha enloquecido Dios la sabiduría del mundo? Pues ya que en la sabiduría de Dios, el mundo no conoció a Dios mediante la sabiduría, agradó a Dios salvar a los creyentes por la locura de la predicación (1 Co. 1:18-21, citando Is. 29:14).

Pablo sigue diciendo por qué el evangelio al principio es difícil de creer para aquellos que lo escuchan: "…los judíos piden señales, y los griegos buscan sabiduría; pero nosotros predicamos a Cristo crucificado, para los judíos ciertamente tropezadero, y para los gentiles locura". Pero aquellos a los que Dios ayuda descubren que el evangelio es ambas cosas: "poder de Dios, y sabiduría de Dios". ¿Por qué? "Porque lo insensato de Dios es más sabio que los hombres, y lo débil de Dios es más fuerte que los hombres" (1 Co. 1:22-25).

Hay una inscripción cerca del Circo Máximo en Roma que está detrás de una rejilla metálica para que no se pueda tocar. La he visto muchas veces. Es una imagen de un crucificado con el cuerpo de un hombre y la cabeza de un burro. La traducción de lo que está escrito debajo es: *Alexamenos adora a su dios*. Eso representa el desdén de los gentiles hacia cualquiera que osara adorar a un hombre crucificado, porque para ellos, solo la escoria acababa su vida en una cruz. El evangelio, en cierto sentido, es un mensaje increíble contrario a todas las inclinaciones naturales, y estamos tratando de enseñárselo a personas que están sordas y ciegas. Si no los ves venir hacia Cristo en multitudes, ya sabe por qué es.

Para superar estos problemas tan serios, ¿reclutamos personal de élite? Eso no fue lo que hizo Dios. Pablo escribió:

> Pues mirad, hermanos, vuestra vocación, que no sois muchos sabios según la carne, ni muchos poderosos, ni muchos nobles; sino que lo necio del mundo escogió Dios, para avergonzar a los sabios; y lo débil del mundo escogió Dios, para avergonzar a lo fuerte; y lo vil del mundo y lo menospreciado escogió Dios, y lo que no es, para deshacer lo que es, a fin de que nadie se jacte en su presencia. Mas por él estáis vosotros en Cristo Jesús, el cual nos ha sido hecho por Dios sabiduría, justificación, santificación

y redención; para que, como está escrito: El que se gloría, gloríese en el Señor (1 Co. 1:26-31, citando Jer. 9:23).

Por eso, Pablo escribió más tarde:

¿Qué, pues, es Pablo, y qué es Apolos? *Servidores* por medio de los cuales habéis creído; y eso según lo que a cada uno concedió el Señor. Yo planté, Apolos regó; pero el crecimiento lo ha dado Dios. Así que ni el que planta es algo, ni el que riega, sino Dios, que da el crecimiento (1 Co. 3:5-7).

Déjame decirte algo importante sobre la palabra *servidores*: literalmente habla de esclavos; personas que pertenecían a otros y no tenían derechos. En América tenemos un desprecio inherente por todas las formas de esclavitud. Y es bueno que lo sintamos, dada la casi insoportable agonía y las generaciones de pecado cultivadas por cada sistema de esclavitud que ha existido. Sin embargo, si queremos entender lo que las Escrituras entienden por ser un auténtico seguidor de Cristo, tenemos que comprender un poco del significado que tenía en la antigua Roma. Pablo dejó claro este punto en 2 Corintios 4:5, donde describió su propio ministerio: "Porque no nos predicamos a nosotros mismos, sino a Jesucristo como Señor, y a nosotros como vuestros siervos por amor de Jesús". La palabra griega de la que surge "siervos" hace referencia al último rango en la cadena de la esclavitud, los esclavos de galeras que remaban, por ejemplo. Aunque es cierto que Jesús es el amigo de los pecadores, también es Señor y Maestro de todo, como les dice a sus discípulos:

¿Quién de vosotros, teniendo un siervo que ara o apacienta ganado, al volver él del campo, luego le dice: Pasa, siéntate a la mesa? ¿No le dice más bien: Prepárame la cena, cíñete, y sírveme hasta que haya comido y bebido; y después de esto, come y bebe tú? ¿Acaso da gracias al siervo porque hizo lo que se le había mandado? Pienso que no. Así también vosotros, cuando hayáis hecho todo lo que os ha sido ordenado, decid: Siervos inútiles somos, pues lo que debíamos hacer, hicimos (Lc. 17:7-10).

La Biblia no aprueba la esclavitud, pero tampoco la condena. El Nuevo Testamento *emplea* la imagen del esclavo como una metáfora adecuada para representar la imagen de la relación cristiana con el Señor. Dependemos de Él para que proporcione todo lo que necesitamos tanto física como espiritualmente. Incluso nuestra habilidad para trabajar procede de Él, porque la Palabra enseña: "...acuérdate de Jehová tu Dios, porque Él te da el poder para hacer las riquezas..." (Dt. 8:18). La última disposición de esta vida respecto al juicio y las recompensas está igualmente en sus manos.

Si todavía tienes problemas con el concepto bíblico de esclavitud, especialmente porque formó parte del pasado de tus ancestros, date cuenta que para ti y para mí no es más que un recuerdo, pero para las generaciones anteriores y para el pueblo en los tiempos bíblicos era una realidad. Observa estas palabras de Filipenses 2 con nuevos ojos:

> Haya, pues, en vosotros este sentir que hubo también en Cristo Jesús, el cual, siendo en forma de Dios, no estimó el ser igual a Dios como cosa a que aferrarse, sino que se despojó a sí mismo, tomando forma de siervo, hecho semejante a los hombres; y estando en la condición de hombre, se humilló a sí mismo, haciéndose obediente hasta la muerte, y muerte de cruz (vv. 5-8).

Si te sientes tentado a pensar que está por debajo de ti ser esclavo, recuerda que no estuvo por debajo del Señor serlo. ¿Cuál fue el resultado? Dios el Padre "...le exaltó hasta lo sumo, y le dio un nombre que es sobre todo nombre, para que en el nombre de Jesús se doble toda rodilla de los que están en los cielos, y en la tierra, y debajo de la tierra; y toda lengua confiese que Jesucristo es el Señor, para gloria de Dios Padre" (vv. 9-11, citando Is. 45:23).

Aquí hay otra triunfante conclusión de Pablo: "Porque Dios, que mandó que de las tinieblas resplandeciese la luz, es el que resplandeció en nuestros corazones, para iluminación del conocimiento de la gloria de Dios en la faz de Jesucristo" (2 Co. 4:6). Por supuesto, Pablo estaba pensando en Génesis 1:3: "Y dijo Dios: Sea la luz; y fue la luz". Él, que encendió las luces del universo, puede hacer lo mismo con un corazón oscurecido y conducirlo hacia Cristo, en quien "...habita toda la plenitud de la Deidad" (Col. 2:9).

No tenemos que preocuparnos por cuestiones de "estilo". Esto es algo que se enfatiza demasiado en el cristianismo hoy día, y los líderes de iglesia pierden incalculable energía preocupándose innecesariamente por si sus cultos deben tener un estilo contemporáneo, postmoderno, tradicional, formal, informal, emergente, emergido o folclórico. He estado por todo el mundo y he visto casi todas las maneras posibles de dirigir un culto, pero el estilo no significa gran cosa. De hecho, bastante a menudo, poner demasiada atención en el estilo obscurece el significado del mensaje mismo. La única manera de encender la luz en una vida es predicar el evangelio de Jesucristo. Intentar encontrar el estilo que se ajuste al mayor número de personas es una locura si es realmente cierto que "…no nos predicamos a nosotros mismos, sino a Jesucristo como Señor, y a nosotros como vuestros siervos por amor de Jesús" (2 Co. 4:5).

Pablo asumió la realidad de su propia insignificancia

Ya he escrito sobre los versículos 5-6, ahora llega el versículo 7: "Pero tenemos este tesoro en vasos de barro, para que la excelencia del poder sea de Dios, y no de nosotros". No se puede explicar el impacto del mensaje del evangelio observando a aquellos a los que Dios ha llamado a ser predicadores. ¡Qué contraste!: un tesoro (el sólido, brillante, radiante, glorioso evangelio) en vasos de barro (baratos, comunes, rompibles y reemplazables). El poder del glorioso evangelio no es el producto del genio o la técnica humana. Somos débiles y comunes, simples y frágiles, rompibles y desechables, pero eso no impide la obra de Dios. Al contrario, demostramos que Él *debe* de estar obrando, ¡porque es la única explicación lógica! La humildad de Pablo lo sustentó, y lo mismo ocurrirá con los siervos de Cristo. En contraste con nuestro mensaje, nosotros no somos nada. Cuando nos humillamos delante del Señor, Él nos exalta (ver Stg. 4:10).

Pablo asumió los beneficios del sufrimiento

El éxito me asusta porque complace a mi carne. Cuando Pablo observaba su propia vida, no solo se consideraba barro, sino además barro defectuoso: "…estamos atribulados en todo, mas no angustiados; en apuros, mas no desesperados; perseguidos, mas no desamparados; derribados, pero no destruidos" (2 Co. 4:8-9). Estos cuatro contrastes dicen lo mismo: Pablo pasó por pruebas difíciles en su ministerio, pero ninguna de ellas lo venció.

Una de las grandes pruebas por las que vivió fue la del aguijón en la carne. ¿Recuerda lo que Pablo aprendió de labios de Dios con esta prueba?

> Y me ha dicho [el Señor]: Bástate mi gracia; porque mi poder se perfecciona en la debilidad. Por tanto, de buena gana me gloriaré más bien en mis debilidades, para que repose sobre mí el poder de Cristo. Por lo cual, por amor a Cristo me gozo en las debilidades, en afrentas, en necesidades, en persecuciones, en angustias; porque cuando soy débil, entonces soy fuerte (2 Co. 12:9-10).

La vida es aquello en lo que uno decide concentrarse, y Pablo aprendió a centrarse en el bien que Dios podía realizar, incluso en las circunstancias más penosas. Podía decir amén de corazón a Santiago 1:2-4: "Hermanos míos, tened por sumo gozo cuando os halléis en diversas pruebas, sabiendo que la prueba de vuestra fe produce paciencia. Mas tenga la paciencia su obra completa, para que seáis perfectos y cabales, sin que os falte cosa alguna". Empezamos teniendo en cuenta el final de la vida de Pablo, por esto sabemos bien que él es un ejemplo perfecto de ese principio.

El evangelio de la prosperidad no es bíblico en absoluto. Es una afrenta a Dios. El camino hacia el poder es a través del sufrimiento y la debilidad. Como dijo Pablo: "Por amor a Cristo me gozo en las debilidades, en afrentas, en necesidades, en persecuciones, en angustias; porque cuando soy débil, entonces soy fuerte". Todos los verdaderos servidores de Cristo aprenden a lo largo de los años a aceptar los asaltos que hieren el corazón, los motines, las traiciones, la falta de afecto, la decepción en masa, la aflicción, e incluso el dolor y el sufrimiento físico, porque saben que todas estas cosas se unen para destruir la confianza en uno mismo. Pablo dijo: "[Estamos] llevando en el cuerpo siempre por todas partes la muerte de Jesús, para que también la vida de Jesús se manifieste en nuestros cuerpos" (2 Co. 4:10). En otras palabras, Cristo se revela de forma más poderosa en sus siervos cuando estos tienen que soportar una gran aflicción. Jesús ya murió, resucitó y ascendió a los cielos. Las personas ya no pueden llegar a Él, pero Él puede llegar a nosotros. Algunos a veces podrán odiarnos por causa de Jesús y del evangelio. Pablo sabía todo sobre eso, decía: "...yo traigo en mi cuerpo las marcas del Señor Jesús" (Gá. 6:17) y: "Ahora me gozo en lo que padezco por vosotros, y cumplo en mi carne lo que falta de las aflicciones de Cristo por su cuerpo, que es la iglesia" (Col. 1:24). ¿Podemos tú y yo decir, al igual que Pablo: "Él recibió los golpes dirigidos a mí, así que yo recibiré los que vayan dirigidos a Él. ¡Que vengan!"?

Pablo habló de la muerte muchas veces utilizando la palabra griega común *thanatos*, pero en 2 Corintios 4:10 habla de morir (*nekrosin*), no de la muerte, porque está hablando de un proceso, no de un suceso. Está diciendo: "Toda mi vida está en proceso de morir a causa de Cristo, y es necesario para que la vida de Jesús también se pueda manifestar en mi vida". El poder de Dios se demostrará en nuestro sufrimiento. Todos aprendemos más, mucho más, a través del sufrimiento. Recuerdo cuando mi hijo tuvo un tumor cerebral y después mi esposa tuvo un accidente de tránsito. Los médicos dijeron que si no moría, se quedaría tetrapléjica. ¡Qué agonía fueron aquellos días y horas! Se la entregué al Señor en oración muchas veces todos los días, al igual que le había entregado a mi hijo, antes de que ambas pruebas se resolvieran maravillosamente con sus respectivas recuperaciones. Cuando experimentamos este tipo de cosas, nos destrozan, pero también nos hacen más fuertes que antes y nos ayudan a sentirnos más unidos a Cristo.

Pablo asumió la necesidad de tener una total convicción
El ministerio que persevera no es llevado a cabo por personas que se dejan llevar fácilmente por las tendencias. Pienso en ello cuando voy a Tulsa y veo la universidad Oral Roberts. El aspecto radicalmente moderno de los edificios es estilizado desde los años sesenta, y algo en el campus me recuerda a un estacionamiento para naves espaciales antiguas. El estilo de la arquitectura que eligieron era muy avanzado en 1965, pero hoy está pasado de moda. Cuando uno camina hacia una universidad, lo que se suele ver es el clásico ladrillo, columnas y otro tipo de características típicas y atemporales. Esto es un ejemplo de por qué se deben evitar las modas pasajeras. Lo mismo ocurre con el ministerio. Pablo escribió:

> Pero teniendo el mismo espíritu de fe, conforme a lo que está escrito: Creí, por lo cual hablé, nosotros también creemos, por

lo cual también hablamos, sabiendo que el que resucitó al Señor Jesús, a nosotros también nos resucitará con Jesús, y nos presentará juntamente con vosotros (2 Co. 4:13-14, citando Sal. 116:10).

El suyo era un ministerio que no se dejaba llevar por las modas pasajeras, sino que estaba basado en convicciones.

El mensaje en sí no cambia nunca. Es necesario conocer las diferencias entre lo que se puede cambiar y lo que no. Existe integridad cuando se tiene una verdad en la que se cree firmemente, y por eso se habla de ella, y uno no se avergüenza de ella. El silencio puede significar comodidad, aceptación, popularidad e incluso vida. Pero al igual que Martín Lutero, la conciencia está cautiva de la Palabra de Dios. Sobre ella uno se mantiene en pie y no puede hacer menos que eso.

Una persona de profundas convicciones no se queda sin nada que decir. Más bien, le faltan personas a quienes comunicarles algo. Sin embargo, siento decirte que los hombres de grandes convicciones a menudo no son bien recibidos en las iglesias de hoy. Doy gracias por los hombres a los que entrenamos en The Master's Seminary; y porque enviamos al exterior unos cien graduados al año. Sin embargo, algunas de las historias que nos cuentan son desoladoras. Muchas iglesias no quieren pastores que digan: "Creo, así que hablo". No quieren un enfoque bíblico en la vida y el ministerio; pero, ¡gloria a Dios por las iglesias que sí lo hacen! Al final el Señor, por su gracia, encuentra un lugar para nuestros graduados donde la integridad espiritual y la fidelidad a la Biblia sí importan. Solo podemos orar porque cada vez importe más.

Pablo asumió la eternidad como prioridad

Pablo estaba tan comprometido con la causa de Cristo que su iglesia probablemente le previno que al final acabaría muerto. Sin embargo, sin dudas él vivió según las palabras de Jesús: "Y no temáis a los que matan el cuerpo, mas el alma no pueden matar; temed más bien a aquel que puede destruir el alma y el cuerpo en el infierno" (Mt. 10:28). Le dijo a la iglesia de Corinto:

> ...el que resucitó al Señor Jesús, a nosotros también nos resucitará con Jesús, y nos presentará juntamente con vosotros.

> Porque todas estas cosas padecemos por amor a vosotros, para que abundando la gracia por medio de muchos, la acción de gracias sobreabunde para gloria de Dios (2 Co. 4:14-15).

Eso es lo mismo que decir: "No cambio el mensaje, porque creo que es verdadero. Por lo tanto, seguiré proclamándolo, sabiendo que puede suceder lo peor y que pueden matarme, pero voy a verte en presencia del Señor de todas formas. Entretanto, ¡haré todo lo que pueda para añadir una voz más al 'coro del Aleluya'!".

Lo que tenemos a la vista aquí es la eternidad, no la comodidad, ni la popularidad ni el éxito en esta vida. Pablo concluye:

> Por tanto, no desmayamos; antes aunque este nuestro hombre exterior se va desgastando, el interior no obstante se renueva de día en día. Porque esta leve tribulación momentánea produce en nosotros un cada vez más excelente y eterno peso de gloria; no mirando nosotros las cosas que se ven, sino las que no se ven; pues las cosas que se ven son temporales, pero las que no se ven son eternas. (2 Co. 4:16-18)

Estos son pensamientos asombrosos que casi rozan el cielo y ponen todos los problemas en perspectiva. No perdemos fuerzas al final porque tenemos una perspectiva de lo eterno.

A la vista de la realidad asombrosa y gloriosa del nuevo pacto, a la vista de la realidad de que el ministerio es una bendición que florece con la pureza y es efectivo solo por el poder soberano de Dios en respuesta a la predicación de la Palabra, incluso en el vaso de barro de peor calidad y lleno de defectos y de resquebrajaduras ante los problemas, Pablo adoptó el poder perfeccionador del sufrimiento. Siguió siendo fiel a sus convicciones sin importar lo que costara. Su lema era: "...para mí el vivir es Cristo, y el morir es ganancia" (Fil. 1:21), porque tenía confianza en su propia resurrección y en la recompensa de la eternidad. Se centraba siempre en el cielo, prefiriendo lo espiritual antes que lo físico (2 Co. 4:16), el futuro antes que el presente (v. 17) y lo invisible antes que lo visible (v. 18). Mantuvo sus ojos fijos en el premio, que es un eterno peso de gloria que no se puede comparar con nada (v. 17). Nada que se ponga en nuestro camino en este mundo se puede comparar con la magnificencia de la gloria que se nos concederá en presencia del Señor.

Capítulo 4

Decisiones diarias acumulativas, valor ante una causa y una vida de perseverancia

Randy Alcorn

Pablo oraba para que los cristianos pudieran ser "fortalecidos con todo poder, conforme a la potencia de su gloria, para toda paciencia y longanimidad; con gozo dando gracias al Padre que nos hizo aptos para participar de la herencia de los santos en luz" (Col. 1:11-12).

Estamos llamados a una vida de perseverancia capacitada por Cristo y acompañada por una gratitud gozosa. La perseverancia requiere paciencia, porque la recompensa por las elecciones correctas que hacemos hoy puede tardar en llegar meses o años, o tal vez no llegue hasta que dejemos este mundo. Los que golpean nerviosamente con los dedos mientras esperan a que termine el microondas demuestran que la paciencia para perseverar no se produce con naturalidad.

Pablo reta a sus discípulos: "...sufre penalidades como buen soldado de Jesucristo" (2 Ti. 2:3). Los soldados esperan que haya penalidades y son entrenados para enfrentarse a ellas. Como fieles soldados al servicio de nuestro Comandante, los humildes guerreros de Cristo tienen que vivir en territorio ocupado por el enemigo, lo que Eugene Peterson llamaba "una larga obediencia en la misma dirección".[1]

Los obstáculos y las distracciones de hoy hacen que la perseverancia en la vida cristiana parezca inalcanzable. Nuestras tentaciones no son peores que las del siglo primero en Corinto. Pero los televisores, las computadoras e incluso los celulares introducen en nuestra casa lo que solía encontrarse solo en los callejones traseros. En nuestro Corinto tecnológico, las tentaciones están tan solo a un teclado y a un clic de ratón de distancia.

Ser incapaces de perseverar —en el matrimonio, en el trabajo o en cualquier parte de la vida— se ha convertido en algo normal para nosotros. Una obediencia constante y a largo plazo, sin desviaciones periódicas hacia el pecado y la improductividad, parece un sueño imposible. Hoy el pecado es algo común, tan esperado que los creyentes piadosos son elevados a categoría de héroes o son desechados por legalistas.

En nuestra sociedad desechable utilizamos algo y luego lo tiramos (ya sea un plato de papel, un esposo, una iglesia o una carrera laboral). La filosofía de permanecer unido a algo es una reliquia de otro tiempo; algo que hacían antes los monjes, pero que nosotros no podemos hacer. ¿Y por qué íbamos a tener que hacerlo? ¿Quién quiere trabajar mucho o aburrirse permaneciendo en la dirección correcta cuando existen numerosas alternativas a la vista?

Sin embargo, la esencia de la vida cristiana no puede cambiar con la cultura. Las palabras de Pablo a los colosenses y a Timoteo son también palabras para nosotros. No nos deberíamos intimidar ante las dificultades. Deberíamos perseverar con paciencia y dando gracias, seguir a Cristo desde el principio hasta el final, arrepintiéndonos rápidamente de nuestros pecados y avanzando hacia una devoción más profunda. Sí, habrá tiempos de sequía, pero al final, el arco del crecimiento espiritual se elevará firme y no se apagará para que nuestras vidas terminen en un gimoteo inútil.

La perseverancia es el llamado de Cristo a seguirlo, a terminar fuertes para gloria de Dios. No hay llamado más sublime, ni privilegio más grande ni gozo mayor.

Reunión con los que perseveran

Nanci y yo asistimos a la reunión anual número treinta de nuestro grupo de la iglesia de estudiantes universitarios. Vinieron cuarenta personas. Cinco de nuestro grupo original habían fallecido. La mayoría de los presentes habían perdido a un padre o a ambos; algunos habían perdidos cónyuges, hermanos o hijos. Algunos matrimonios habían terminado; dos personas habían sufrido crisis mentales, otros, crisis financieras. Algunos tenían hijos drogadictos y en la cárcel; varios tenían cáncer u otras enfermedades.

No obstante, fue una hermosa tarde. Persona tras persona decía: "Dios ha sido fiel". La reunión duró hasta tarde, mezclando lágrimas con risas.

Cantamos nuestros viejos cánticos sobre las Escrituras de principios de los años setenta. En lugar de sentirnos desilusionados porque no se habían cumplido, nos sentimos animados porque comprobamos que eran más ciertos de lo que pensábamos entonces. Dios había sido sin duda "...nuestro amparo y fortaleza, nuestro pronto auxilio en las tribulaciones" (Sal. 46:1). Habíamos aprendido —algunos de forma muy dura— que solo Dios puede soportar todo el peso de nuestra confianza. Admitiendo nuestras imperfecciones, experimentamos juntos la dulce fragancia de la perseverancia y hablamos de esperar un mundo mejor.

Comprensiblemente, algunos viejos amigos no pudieron venir, debido a la distancia, la salud o por conflictos con el horario. Pero algunos otros no vinieron porque su amor por Cristo se había enfriado. No habían perseverado. ¿Por qué? La pregunta se podría contestar de diferentes formas. Mi respuesta para nuestro propósito es la siguiente: *Sus elecciones día a día y hora a hora los distrajeron espiritualmente y fracasaron.*

Nanci y yo salimos de allí aquella noche con un compromiso renovado de terminar nuestras vidas bien. Oro para que de ahora en adelante tú puedas vivir de manera que, cuando recibas una invitación para su reunión, quieras ir y escuchar —y comentar— lo que Dios ha hecho. No hagas elecciones que te conviertan en una persona que quiere quedarse al margen.

Perseverar en una causa

A petición del editor, voy a contarte mi historia personal de perseverancia en una causa. Entiéndase que yo no me considero a mí mismo un héroe. Al contrario, la gracia sustentadora de Dios me hace sentir muy humilde y profundamente agradecido a Dios.

Crecí en un hogar no cristiano. Cuando rendí mi vida a Cristo durante la adolescencia, Tozer, Schaeffer, Lewis y Bonhoeffer me asesoraron a través de sus libros. En 1977 me convertí en pastor de una iglesia nueva. A principios de la década de 1980 entré en el consejo del primer Centro para Crisis de Embarazo en el noroeste, en Portland, Oregón. Nanci y yo abrimos nuestra casa a una joven adolescente embarazada y la ayudamos a dar su hijo en adopción. Tuvimos el gozo de ver que ella se convertía a la fe en Cristo. Hasta la actualidad, sigue siendo una amiga muy querida, una portavoz valiente para los niños no nacidos.

Con el paso de los años, Dios cada vez arraigó más en nuestros corazones la causa a favor de los no nacidos. (Si no entiendes lo que son los niños no nacidos, lo que viene a continuación carece de sentido para ti. Ve mi libro *¿Por qué a favor de la vida?*[2] o artículos relativos al aborto en www.epm.org; o consulta www.abort73.com).

Leí las Escrituras que decían: "Rescata a los que van rumbo a la muerte..." (Pr. 24:11, NVI). Y: "¡Levanta la voz por los que no tienen voz!... ¡Defiende a los pobres y necesitados!" (Pr. 31:8-9, NVI). No me pude escapar del valor del pastor Dietrich Bonhoeffer, que criticó públicamente a Hitler y pidió a la iglesia alemana que defendiera a los judíos. El llamado de Francis Schaeffer a defender a los no nacidos me afectó profundamente.

En enero de 1989, sabiendo que complicaría mucho mi vida y ministerio pastoral, empecé a participar en la desobediencia civil no violenta hacia las clínicas abortistas. Cientos de pastores de todo el país hicieron lo mismo.

Fui a la cárcel algunos días, el tiempo justo para experimentar por primera vez la deshumanización. Por ejemplo, una enfermera de la cárcel pensó que yo estaba mintiendo al decir que era un diabético insulinodependiente. Se negó a darme acceso a mis medicinas, que habían sido confiscadas en el momento del arresto. Cuando supo por qué había sido arrestado, dijo: "Dime que eres un violador o un asesino, pero no me digas que eres uno de esos antiabortistas, porque eso me pone de *muy mal humor*". Disgustada por mi insistencia en que estaba enfermo, me lanzó a la cara unas cuantas dosis.

Durante toda mi vida en casa, en el colegio y en las actividades deportivas, siempre estuve acostumbrado a que las personas con autoridad me creyeran. Mi esposa, mis hijos y mi iglesia confiaban en mí. De repente, encerrado entre criminales, las personas no me creían o se reían de mí.

En otra ocasión, un juez me sentenció a dos días en prisión. Me pusieron cadenas en las muñecas y los tobillos, mientras las cámaras lanzaban sus *flashes* a mi alrededor. Me metieron en la cárcel a empujones y después me cachearon junto a otras dos docenas de hombres desnudos. Un guardia de mirada lasciva se rió de mí e hizo comentarios sádicos a algunos hombres.

Era solo una pequeña muestra de lo que algunas personas, culpables o inocentes, han experimentado. Pero no lo he olvidado. Aunque fueron los dos días más deshumanizados de mi vida, no los cambiaría por nada. Palidecen en comparación al sufrimiento de Jesús y de los niños no nacidos. Pero fue suficiente para dejar una impresión permanente en mí, estableciendo un punto de referencia para el sufrimiento de los demás (y ayudándome a escribir de la iglesia perseguida, como en mi novela *A salvo en casa*).

Una clínica abortista ganó un juicio en mi contra y en la de otra docena de personas. Nos condenaron a pagar 2800 dólares, el coste de los diez abortos que impedimos que la clínica realizara aquel día. También tuvimos que pagar por los costos de los abogados de la clínica abortista: otros 19 000 dólares. Le dije al juez que pagaría a todo el mundo todo lo que le debía, pero que no se lo daría a los que lo utilizarían para matar niños.

En abril de 1990 mi iglesia recibió una demanda del tribunal para que enviara cada mes una cuarta parte de mi sueldo a la clínica abortista. Para evitar que la iglesia tuviera que elegir entre pagar a una clínica abortista o desafiar al tribunal, dimití.

La única manera de evitar el embargo de fondos era no tener más que un sueldo mínimo. Afortunadamente, nuestra familia había estado viviendo solo con una parte del sueldo de la iglesia, y hacía poco habíamos hecho el último pago de la casa, así que no teníamos deudas. Dios nos permitió iniciar Eternal Perspective Ministries. Hasta hoy continuamos formando parte de nuestra iglesia, aunque ya no soy el pastor.

Perseverancia como decisión familiar

En febrero de 1991, casi dos años después de dimitir en la iglesia, estábamos inmersos en un juicio importante. Dado el clima político, parecía casi seguro que perderíamos el caso, nuestra casa y, debido a las restricciones financieras, tendríamos que sacar a nuestras niñas del colegio cristiano que a ellas les gustaba.

La noche antes del juicio, mi abogado me llamó con noticias sorprendentes:

—Randy, acabo de recibir un fax de la clínica abortista. Quieren dejarte fuera del litigio.

Increíble. De repente la casa ya no estaba en juego. Las niñas podían continuar en el colegio. Nos habían quitado de encima la carga, la tensión, y dejábamos de ser foco de atención.

—Pero… ¿por qué querrían dejarme fuera? —le pregunté al abogado.

—Me imagino que como eres pastor y escritor, recibes demasiada atención de la prensa. Has estado explicando por qué te sientes impulsado a defender a los niños no nacidos. Puede que crean que les irá mejor sin ti. Pero como te han dejado fuera en el último minuto, tienes que dar tu consentimiento. Es obvio que deberías hacerlo, teniendo en cuenta lo que está en juego.

Me senté con mi esposa y mis hijas, que entonces tenían nueve y once años. Habían estado orando con nosotros y habían presenciado desde el otro lado de la calle el momento en el que fui arrestado. (Nanci y yo creíamos que si protegíamos a nuestras hijas de las dificultades de la vida, les robaríamos la oportunidad de ver a Dios obrar, les robaríamos el privilegio de orar y nos robaríamos a nosotros mismos los beneficios de sus oraciones infantiles).

Les expliqué a Nanci y las niñas lo que me había dicho el abogado, después pregunté:

—¿Qué creen que debemos hacer?

Karina, nuestra hija de once años, respondió:

—Papá, si la clínica abortista cree que les irá mejor sin ti en el juicio, creo que Dios quiere que estés allí.

Angela, de nueve años, estuvo de acuerdo al instante.

—Recuerden: si perdemos el caso, y probablemente lo haremos, perderemos la casa y no nos podremos permitir pagarles el colegio.

Ellas entendieron perfectamente. Por mucho que Nanci y yo hubiéramos querido salir de aquella olla a presión, estuvimos de acuerdo con nuestras hijas. Oramos por ello la siguiente hora. Después llamé al abogado y lo dejé asombrado al decir: "Hemos decidido seguir en el juicio".

Siguieron cuatro días de juicio, donde presenciamos una impresionante serie de falsas acusaciones. Vimos a los empleados de la clínica testificar que habíamos gritado a las mujeres, las habíamos zarandeado, escupido sobre ellas y que las habíamos llamado prostitutas. Vimos cómo el juez —que dejó claro al jurado la hostilidad que sentía hacia nosotros— se dedicaba a leer el periódico, mientras nosotros declarábamos. Le gritó literalmente a un pastor que había presenciado un hecho y estaba declarando pacíficamente como testigo. (Si alguien me lo hubiera contado, no lo habría creído, pero yo estaba presente cuando sucedió).

El juez ordenó un veredicto dirigido, diciéndole al jurado que debían encontrarnos culpables e imponernos una condena tan larga que nunca volviéramos a hacerlo de nuevo. Aunque no hubo violencia ni destrucción de la propiedad, fue la sentencia más alta jamás impuesta contra un grupo de manifestantes pacíficos: ocho millones doscientos mil dólares. Solía bromear diciendo que esa cantidad era más de lo que yo ganaba como pastor en todo el año.

Antes de ser demandado, me había despojado de todo lo que era de mi propiedad, desde la casa y los coches hasta las cuentas del banco y los derechos de autor de mis libros. Aunque nunca hemos dejado de pagar a nadie lo que les corresponde, por la gracia de Dios nunca hemos dado dinero a una clínica abortista. Sigo sin ser dueño de activo alguno, y mi salario mínimo impide que los abortistas reciban ningún dinero de mi parte.

No es necesario decir que muchos no están de acuerdo con nuestra estrategia, pero creemos que es la única manera de obrar para honrar al Señor, en vista de las alternativas. Esta situación trajo controversia y complicaciones a nuestras vidas, pero Dios nos enseñó a confiar en Él y a ser pacientes, por lo cual le estamos profundamente agradecidos.

Para perseverar, ame a Jesús más que a la causa
Una cosa que aprendí sobre la perseverancia en una causa es: *no estar motivado principalmente por la ira*. Sí, existe lo que podemos llamar ira justa. Dios está furioso por el maltrato a los pobres, necesitados e indefensos. Pero nuestra "ira justa" demasiado a menudo es ira egoísta. Aunque se esté luchando por la violación de los derechos humanos, la esclavitud, la prostitución, la pornografía, las drogas, los delitos comunes, la conducción

bajo los efectos del alcohol o el aborto, hay que mantener los ojos fijos en Jesús o si no, se acabará quemado o confiando en la fortaleza de uno mismo y no en la de Él. Gracias a Dios, nosotros nunca arremetimos contra el personal de la clínica abortiva. Mi esposa todas las semanas iba a la entrada de la clínica y hablaba con varios miembros del personal, incluido el director, del amor de Cristo.

Hay un significativo desgaste en aquellos que trabajan en defensa de la vida, los que trabajan en cárceles, en las calles, ayudando a los pobres, ayudando a los drogadictos y a los que tienen adicciones sexuales y luchando contra la pornografía.

Para perseverar, es necesario sentir una pasión por Jesús más grande que la pasión que se siente por la causa misma. Si no, incluso aunque no termines consumido, la causa acabará tomando el lugar del Señor y por lo tanto se convertirá en un ídolo.

Sumérgete. No en una causa justa, sino en un Dios justo que nos llama a realizar una serie de causas y nos sustenta en cualquiera de las cosas que nos llama a hacer. No seas un cristiano con una única causa por la que luchar. Chuck Colson tiene un corazón enorme para el tema de los presos, pero también para mucho más. Joni Eareckson Tada se preocupa muchísimo por los discapacitados, pero también por muchas otras cosas. Chuck y Joni aman a Jesús, y de ese amor brotan los ministerios con presos y con discapacitados. Es así como uno consigue tener poder en una causa: viendo que no es un tema aislado. Forma parte del gran esquema de la obra del reino de Dios.

Si tu vida está centrada en luchar contra el aborto o la pornografía, o el matrimonio homosexual, eso no es suficiente. William Wilberforce no solo se oponía a la esclavitud. Amaba a Jesús, y fue Él quien lo sostuvo durante la abolición del mercado de esclavos. Fue a Jesús a quien dio las gracias tres días antes de su muerte, cuando escuchó las noticias de la Cámara de los Comunes: todos los esclavos de Gran Bretaña y sus colonias habían sido declarados libres.

Para perseverar en una causa, debe recordarse constantemente que se trata de Jesús: "El Rey les responderá: 'Les aseguro que todo lo que hicieron por uno de mis hermanos, aun por el más pequeño, lo hicieron por mí'" (Mt. 25:40, NVI).

Y si no se trata de Jesús, ¿por qué defender esta causa?

Las familias maduran soportando los momentos difíciles

También aprendí que *la perseverancia en una causa puede ayudar a formar el carácter, la fe y la perspectiva de los niños*. Pronto nos dimos cuenta de que a pesar de que nunca sacrificaríamos a nuestras hijas, sí nos sacrificaríamos *con* ellas. Como ya dije, nuestras hijas estuvieron dispuestas a perder la única casa en la que habían vivido y la escuela que les encantaba. Dados los resultados del juicio, parecía que eso era lo que iba a ocurrir.

Resultó que Dios intervino y no perdimos ni la casa ni el colegio. Sé que Él recompensó a mis hijas por su voluntad para sacrificarse por la causa de Cristo y de los no nacidos. En lugar de separar a nuestra familia, esto la unió más. Personas bien intencionadas nos previnieron que nuestras hijas sufrirían debido a nuestras opciones. Pero creímos que ellas sufrirían no cuando sus padres cumplieran con la voluntad de Dios, sino cuando no lo hicieran.

Nuestras hijas se beneficiaron de otras maneras, algunas de ellas difíciles. Cuando eran casi adolescentes, estuvieron con nosotros todo el día ante una clínica abortista, sosteniendo fotos grandes de niños vivos en el útero materno. Una limusina pasó por allí despacio, después el cristal de la ventanilla trasera se bajó a cuatro pasos de nosotros. De allí salió el brazo de un hombre haciendo un gesto obsceno. La sorpresa llegó cuando vimos la cara del hombre. Era el alcalde de Portland en aquel momento. No bromeo. Tuvimos una buena charla familiar sobre la oscuridad del corazón humano, incluido el corazón de algunos líderes.

Otro día nuestras hijas asistieron a un rescate con su madre y vieron todo lo que sucedía, incluido mi arresto. A la mañana siguiente, leí el relato que el periódico hacía de la historia. Se la pasé a mi hija Karina, que leyó cada palabra. Asombrada empezó a llorar: "Papá, eso no es cierto. Yo estuve allí todo el tiempo. Esto no es lo que pasó".

Nada que les hubiera dicho a mis hijas sobre las mentiras del mundo y las distorsiones que hacían los medios de comunicación se podía comparar con la lección de primera mano que aprendieron del periódico aquel día. Esas jovencitas hoy son las piadosas madres de nuestros nietos. Si no hubieran formado parte de la causa con nosotros, puede que nunca hubieran aprendido muchas lecciones que les fueron muy útiles y les ayudaron a iniciarse en la perseverancia.

Para perseverar, acepta ser impopular
Si no estás dispuesto a ser malinterpretado y vilipendiado, no perseverarás en ninguna causa que valga la pena. Estaba hablando a un grupo de pastores en 1990, cuando uno de ellos alzó la mano y preguntó:

—¿Por qué va a las clínicas abortistas y grita a las mujeres, las escupe y les tira del cabello?

Le contesté que nunca había hecho nada así y que nunca lo haría. Luego le pregunté:

—¿Por qué cree lo que dicen los periódicos en lugar de venir directamente a mí como su hermano en Cristo que soy y preguntarme si es verdad?

Si insistes en ser respetado y alabado, ya sea en la sociedad o en la iglesia, te apartarás no solo de la causa, sino también del Señor. Jesús dijo: "...El siervo no es mayor que su señor. Si a mí me han perseguido, también a vosotros os perseguirán..." (Jn. 15:20). ¿Quiénes somos nosotros para esperar que el mundo nos trate mejor de lo que trató a Jesús? *Los seguidores de Cristo deberían esperar recibir injusticia y tergiversación*, y no preocuparse por sus derechos y su reputación.

Cuando dieron un testimonio falso sobre nosotros en el juicio, un versículo clave para mí fue 1 Pedro 2:23, que dice de Jesús: "...cuando le maldecían, no respondía con maldición; cuando padecía, no amenazaba, sino encomendaba la causa al que juzga justamente". Cuando me siento mal juzgado por no creyentes y creyentes, encuentro la paz sabiendo que Dios es mi juez. Dados mis fracasos, ese pensamiento no me había animado antes, pero de repente lo hizo.

Nanci y yo aprendimos a endurecernos en lo que respecta a la desaprobación de las personas. Uno de los enemigos más grandes de la perseverancia es el deseo de ser popular, ya sea en el mundo o en la iglesia. Si tus ojos están en cualquier otro sitio que no sea Jesús, no tendrás la suficiente resistencia para soportar la crítica. Jesús dijo: "Si el mundo os aborrece, sabed que a mí me ha aborrecido antes que a vosotros" (Jn. 15:18). Da mucha libertad ser capaz de aceptar que algunos nunca se llevarán bien contigo, porque tus creencias los ofenden. Puedes hablar con ellos y orar por ellos, sin desear ni necesitar su aprobación.

Pablo dijo: "...Pues si todavía agradara a los hombres, no sería siervo de Cristo" (Gá. 1:10). Jesús es la Audiencia de Uno. Compareceremos ante el tribunal de Cristo y ante el de nadie más. Deberíamos desear escucharlo decir: "Hiciste bien, siervo bueno y fiel". Si vives para la aprobación de los demás, no vivirás para la aprobación de Cristo y, por lo tanto, no perseverarás.

Para perseverar, confía en que Dios sacará lo bueno de la adversidad
Los juicios y tener que dejar el ministerio pastoral —lo que las clínicas abortistas pretendían que fuese para mal—, Dios lo convirtió en bien (Gn. 50:20). Parte de ese bien fue evidente en aquel momento, pero con el paso de los años se hizo mucho más evidente. (¿Cuántos años pasaron antes de que José viera con claridad el propósito de Dios en su adversidad?).

Vimos surgir innumerables historias sorprendentes de aquellos juicios. Por ejemplo, Dios abrió una puerta para que yo hablase sobre el evangelio con una destacada activista abortista que era lesbiana. Ella se convirtió a la fe en Cristo más tarde. Recuerdo a un hombre que se rindió ante Jesús a las puertas de la clínica, y dos empleados de esta que dejaron sus trabajos cuando se dieron realmente cuenta de lo que estaban haciendo.

Por diversas razones, han pasado diecisiete años desde la última vez que participé en un acto de desobediencia civil. Perseverar en una causa no significa que debas estar haciendo siempre lo mismo. La causa era y sigue siendo los niños no nacidos, no una estrategia en particular. Creo que Dios me llamó a seguir un método durante cierto tiempo, al igual que me llamó a trabajar en los centros para el embarazo años después. Ahora nosotros aportamos importantes recursos económicos a la causa a favor de la vida. Todavía sigo hablando a favor de los no nacidos en mensajes, escritos y en conversaciones personales. Aplaudo a los que han pasado la mayor parte de sus vidas en esta y otras causas justas pero impopulares, haciendo mucho más de lo que yo he hecho. Ojalá qué perseveren, para gloria de Dios.

Uno de los frutos de los juicios por los que el Señor nos hizo pasar fue que renunciara a los derechos de autor de mis libros. A través de nuestro ministerio, la totalidad de estos derechos va a parar al reino de Dios: misiones, paliar el hambre, obras a favor de la vida y ayuda a discapacitados, prisioneros y cristianos perseguidos. Poco después de entregar todos los derechos de autor al Señor, mis libros de repente empezaron a aparecer en las listas de los más vendidos. Los derechos se incrementaron de manera espectacular, como si Dios estuviera diciendo: "Ahora que los libros me pertenecen, voy a utilizarlos de verdad". Nuestro ministerio ha podido donar varios millones de dólares como resultado directo de esos sucesos que algunos considerarían terribles y trágicos. Mirando hacia atrás, estamos profundamente agradecidos por todo lo que pasó.

Hace algún tiempo, la sentencia de diez años por lo de la clínica abortista expiró. Nuestro consejo ministerial nos dijo a Nanci y a mí que nos querían dar los futuros derechos de autor, pues creían que nos lo merecíamos. Nanci y yo hablamos y oramos sobre ello. Dios nos había sustentado durante los diez años anteriores y nos había permitido apoyar grandes causas a través de esos derechos. Así que ¿para qué cambiar esta situación? No necesitábamos un estatus de vida más alto. Con gozo en el corazón, respondimos: "No, gracias".

Meses más tarde, la clínica abortista consiguió que la sentencia se ampliara otros diez años. Siempre hemos agradecido no saber que esto iba a suceder cuando tomamos la decisión. Lo que aprendimos gracias a aquel juicio todavía nos es útil ahora. Dios nos ha dado un gozo indescriptible al saber que cada dólar de los derechos de autor conseguidos con mis libros se está invirtiendo en la eternidad.

La perseverancia requiere algo más que un deseo sincero
Al final, la perseverancia se medirá por la cantidad de carácter e integridad que desarrollemos. El recordatorio de este capítulo afecta a todos los creyentes de la causa de Cristo, no solo a algunas causas en particular.

Pregunté a un grupo de más de mil personas: "¿Cuántos de ustedes, dentro de cinco, diez o treinta años, quieren estar entregados de lleno a Jesucristo, discípulos del Rey, capacitados por el Espíritu Santo, saturados en su Palabra y rendidos a su voluntad?".

El noventa por ciento de las manos se alzaron. Y lo hacían en serio. Después les di la mala noticia: muchos de los que levantaron la mano nunca llegarían a ser ese tipo de persona. No terminarían bien. Es más fácil levantar la mano hoy que día tras día tomar las decisiones correctas que nos lleven a perseverar en la misma dirección.

Todos los días nos convertimos en alguien, la pregunta es ¿en quién? El autor Jerry Bridges, al escucharme tratar este tema, me contó que Dawson Trotman, fundador de Los Navegantes, solía decir: "Vas a ser aquello en lo que te estás convirtiendo ahora".

Las Escrituras hablan del proceso de desarrollo del carácter: "...nosotros todos, mirando a cara descubierta como en un espejo la gloria del Señor, somos transformados de gloria en gloria en la misma imagen..." (2 Co. 3:18).

Uno se convierte en lo que elige contemplar. Si observamos a Cristo, nos asemejaremos a Cristo. Contempla la superficialidad y la inmoralidad, y podrás predecir fácilmente en lo que te convertirás.

La persona en la que uno se convierte será el resultado acumulado de las elecciones diarias que se han hecho. "...la senda de los justos es como la luz de la aurora, que va en aumento hasta que el día es perfecto" (Pr. 4:18). Por eso las Escrituras nos advierten en contra de las elecciones erróneas: "No entres por la vereda de los impíos, ni vayas por el camino de los malos. Déjala, no pases por ella; apártate de ella, pasa" (vv. 14-15).

Nuestras elecciones proceden de nuestros corazones, y por lo tanto debemos tener cuidado para que estos no se contaminen: "Por sobre todas las cosas cuida tu corazón, porque de él mana la vida" (v. 23, NVI). ¿Cuál es la forma más eficaz de contaminar una reserva de agua? Echar veneno en la fuente de origen. Si no guarda su corazón de los valores mundanos, se conformará según el mundo (Ro. 12:1-2). No se necesita más esfuerzo para conformarse según el mundo que dejarse llevar por la corriente. Ser transformados renovando nuestras mentes es como nadar contracorriente. Renovar nuestras mentes requiere un esfuerzo consciente y deliberado.

Te convertirás en el producto de aquello en lo que eliges deleitarte y meditar. El Salmo 1 es una fórmula poderosa de la perseverancia: "Dichoso el hombre que no sigue el consejo de los malvados, ni se detiene en la senda de los pecadores ni cultiva la amistad de los blasfemos. Sino que en la ley del Señor se deleita, y día y noche medita en ella" (NVI).

Todos meditamos, y todos tomamos la forma del objeto de nuestra meditación. De él tomamos el ejemplo para nuestra actitud y comportamiento. Esta semana, ¿tomaré la forma de las comedias, las series de televisión y los periódicos, o tomaré la forma de Isaías, Lucas, A. W. Tozer y Carlos Spurgeon? Todo depende de cómo elija pasar el tiempo.

El Salmo 1 dice que el que medita en la Palabra de Dios: "Es como el árbol plantado a la orilla de un río que, cuando llega su tiempo, da fruto y sus hojas jamás se marchitan…" (v. 3, NVI). Los árboles no eligen donde colocarse, pero nosotros sí. Nosotros decidimos cuáles serán nuestras fuentes de nutrición, lo cual determinará que demos fruto o que nos marchitemos.

La perseverancia nunca es automática

No se sigue a Cristo por arte de magia. Es necesario que repitamos acciones que desarrollen hábitos y disciplinas de vida.

Perseverar en Cristo no sucede sin más, lo mismo que no sucede sin más el correr una maratón, escalar una montaña o tener un buen matrimonio.

La perseverancia requiere un buen plan, con pasos claros y tangibles. El agricultor labra la tierra. Las malas hierbas tienen que ser eliminadas. Él no se limita a decir: "Señor, por favor elimina las malas hierbas". Más bien ora: "Señor, dame fuerzas para eliminar hoy estas mala hierbas".

El atleta no dice: "Señor, sal ahí y gana esa carrera". Dice: "Dios dame la capacidad para correr mucho y hacer todo lo posible para ganar la carrera si ese es tu deseo".

La clave de la espiritualidad es desarrollar pequeños hábitos, como la lectura de la Biblia, memorizar pasajes y orar. Poniendo un pie delante de otro día tras día, nos convertimos en la clase de personas que maduran y perseveran en lugar de marchitarse y morir.

Dentro de diez años, ¿te gustaría mirar atrás y comprobar que has tomado constantemente decisiones correctas en cuanto a tu alimentación y ejercicio regular? Seguro que sí. Pero hay una gran brecha entre deseos y realidad. El puente sobre esa brecha es el autocontrol, un fruto del Espíritu (Gá. 5:22-23). La clave para el autocontrol es la disciplina, que produce un historial a largo plazo de pequeñas opciones en las que nos rendimos ante el Espíritu de Dios, lo cual trae como resultado nuevos hábitos de vida. El control del Espíritu y el autocontrol se relacionan entre sí en las Escrituras, porque un autocontrol piadoso es rendirse uno mismo ante el Espíritu de Dios.

La mayoría de nosotros sabe la diferencia que hay entre comer queso fresco y buñuelos de crema. O la diferencia entre hacer ejercicio cada día o estar tumbado en el sofá. De la misma manera, existe una diferencia entre leer la Biblia o no leerla, pasar el tiempo viendo *Operación triunfo* o *Supervivientes* y leer la Biblia o un buen libro cristiano. Aunque la diferencia hoy puede parecer pequeña, la diferencia acumulada será enorme.

Muchos dicen que desean escribir un libro. Lo que realmente quieren es *tener el libro escrito*. Hablar de escribir un libro es muy fácil. Escribirlo es muy difícil. Por eso hay más habladores que escritores. Y por eso muchas personas hablan de una vida cristiana en lugar de vivirla.

Queremos el fruto de las disciplinas espirituales, pero a menudo no estamos dispuestos a realizar el trabajo que realmente requieren. Queremos las recompensas sin los sacrificios.

Una de mis páginas web favoritas para jóvenes es www.TheRebelution.com, dirigida por Alex y Brett Harris. Ellos retan a los jóvenes a "hacer cosas difíciles" (el título de su primer libro *Do Hard Things*).[3] Ellos nos dicen: "No seamos una generación de materialistas egoístas; disciplinémonos para seguir a Jesús y hacer cosas difíciles para su gloria".

La vida de perseverancia exige que hagamos muchas cosas difíciles. Pero estas cosas son las que de verdad aportan propósito, gozo y satisfacción a nuestras vidas.

La perseverancia implica elegir diariamente hacer buenas obras
Sé lo que algunos lectores estarán pensando en este momento. *¿No suena un tanto legalista ese énfasis en cultivar la disciplina en la vida cristiana? No deberíamos estar hablando de obras, sino de gracia, ¿verdad?*

Falso. Aunque los reformadores se opusieron a la justificación por las obras, *nunca* se opusieron a las obras justas. Además, Dios aceptó muchas obras justas y un espíritu de perseverancia disciplinada para causar la Reforma. Es la gracia soberana de Dios lo que nos capacita para hacer buenas obras, lo cual es de vital importancia para nuestro llamado:

Porque por gracia sois salvos por medio de la fe; y esto no de vosotros, pues es don de Dios; no por obras, para que nadie se gloríe. Porque somos hechura suya, creados en Cristo Jesús para buenas obras, las cuales Dios preparó de antemano para que anduviésemos en ellas (Ef. 2:8-10).

Nótese que este texto no dice que Dios haya preparado doctrinas para que nosotros las creamos, sino obras para que hagamos. Nos tiene preparada toda una vida de buenas obras. No seremos salvos *por* las buenas obras, pero seremos salvos *para hacer* buenas obras gracias a su poder y para su gloria.

Las Escrituras con frecuencia muestran cómo Dios nos capacita para que, con nuestro esfuerzo, vivamos una vida cristiana poderosa: "a quien anunciamos, amonestando a todo hombre, y enseñando a todo hombre... a fin de presentar perfecto en Cristo Jesús a todo hombre; para lo cual también trabajo, luchando según la potencia de él, la cual actúa poderosamente en mí" (Col. 1:28-29).

Si deseas perseverar, pídele a Dios que te capacite para poner un pie delante de otro. Después empieza a mover los pies. Cuando se apague la alarma por la mañana, pídele fuerzas a Dios. Pero no le pidas que te levante de la cama, te abra la Biblia y pase las páginas por ti.

La perseverancia implica mantener ante nosotros el propósito de la disciplina

En *Spiritual Disciplines of the Christian Life* [Disciplinas espirituales de la vida cristiana],[4] Donald Whitney nos cuenta la historia de un niño de seis años, Kevin, cuyos padres lo llevan a clases de música. Cada tarde después del colegio, se sienta desanimado en el salón y rasguea una guitarra, mientras observa a sus amigos jugar al béisbol en la calle.

Un día Kevin es visitado por un ángel, que lo lleva al Carnegie Hall. Kevin presencia la actuación de un gran guitarrista y queda asombrado por la habilidad del hombre y la belleza de su actuación. Finalmente, el ángel le pregunta:

—¿Qué te parece, Kevin?

Su respuesta es:

—¡Caramba!

De repente están de vuelta en el salón. El ángel le dice:

—El maravilloso músico que acabas de ver eres *tú* dentro de quince años —luego añade—: pero solo si practicas.

Kevin se siente animado. Ahora tiene una visión, un propósito para sus disciplinas diarias. La práctica puede seguir siendo difícil, pero vale la pena porque conoce el propósito, comprende a dónde lo conducirá.

"...Ejercítate para la piedad" (1 Ti. 4:7). La palabra griega para ejercitarse significa hacer ejercicio.

Ejercitarse no es glorioso, lo mismo que no lo es practicar la guitarra. Ayudo a entrenar a tenistas en la escuela secundaria. Constantemente, estamos trabajando en cosas que nos ayudarán a la hora de competir. Los equipos que no practican no ganan. Los atletas que no practican no consiguen destacarse en su deporte.

Cada vez que me siento tentado a no hacer ejercicio, lo cual sucede a menudo, me recuerdo a mí mismo el *propósito* del ejercicio, el resultado final y las recompensas que aporta. También las consecuencias de *no* hacer ejercicio. Hago lo mismo con las disciplinas espirituales, ensayando su propósito y resultado, así como las consecuencias de no hacerlas. Esto me motiva.

¿Cuándo fue la última vez que pasaste tiempo en compañía de Dios, que estudiaste las Escrituras o leíste un libro estupendo, y luego te lamentaste de haberlo hecho? ¿Por qué descuidamos lo que más nos enriquece y lo que más gozo y satisfacción nos aporta?

Si no tienes claro el propósito de esa disciplina, apagarás la alarma y te quedarás en la cama. Si estás decidido a comenzar el día con Dios, tendrás que arrastrar tu cuerpo fuera de la cama. No existen las disciplinas *espirituales* sin las disciplinas *físicas* que las hagan posibles.

> ¿No sabéis que los que corren en el estadio, todos a la verdad corren, pero uno solo se lleva el premio? Corred de tal manera que lo obtengáis. Todo aquel que lucha, de todo se abstiene; ellos, a la verdad, para recibir una corona corruptible, pero nosotros, una incorruptible. Así que, yo de esta manera corro, no como a la ventura; de esta manera peleo, no como quien golpea el aire, sino que golpeo mi cuerpo, y lo pongo en servidumbre, no sea que habiendo sido heraldo para otros, yo mismo venga a ser eliminado (1 Co. 9:24-27).

Después de decirle a Timoteo que debía sufrir las penalidades como un buen soldado, Pablo dice: "...el que lucha como atleta, no es coronado si no lucha legítimamente. El labrador, para participar de los frutos, debe trabajar primero" (2 Ti. 2:5-7).

¿Qué tienen en común los soldados, los atletas y los labradores? Todos actúan físicamente. Son disciplinados. Son deliberados. Trabajan mucho. Solo entonces disfrutan del placer de la victoria y de la recolección. Si no trabaja duro, el cristiano no persevera.

Dallas Willard dice en *The Spirit of the Disciplines* [El espíritu de las disciplinas]:

> Forma parte de la desacertada y caprichosa condición humana creer con devoción en el poder de esforzarnos solo en el momento en que es necesario actuar para conseguir lo que queremos ignorando completamente la necesidad de cambiar nuestro carácter. El fracaso general está en querer lo que es correcto e importante, pero al mismo tiempo no comprometerse con la clase de vida que producirá la acción que sabemos será la correcta y la condición que deseamos disfrutar. Esta es la característica del carácter humano que explica por qué el camino al infierno está pavimentado con buenas intenciones. Intentamos hacer lo que es correcto, pero evitamos la vida que lo haría realidad.[5]

Ofrecer nuestros cuerpos para una vida de perseverancia

La perseverancia exige toda una vida de rendición de nuestro cuerpo al Espíritu Santo.

> Por lo tanto, no permitan ustedes que el pecado reine en su cuerpo mortal, ni obedezcan a sus malos deseos. No *ofrezcan* los miembros de su cuerpo al pecado como instrumentos de injusticia; al contrario, ofrézcanse más bien a Dios... *presentando* los miembros de su cuerpo como instrumentos de justicia (Ro. 6:12-13 NVI).

¿Qué podemos hacer sin el cuerpo? Esa es la importancia de Romanos 12:1-2:

> Por lo tanto, hermanos, tomando en cuenta la misericordia de Dios, les ruego que cada uno de ustedes, en adoración espiritual,

ofrezca su cuerpo como sacrificio vivo, santo y agradable a Dios. No se amolden al mundo actual, sino sean transformados mediante la renovación de su mente (NVI).

Pongamos atención en la relación entre mente y cuerpo. No solo debemos renovar nuestras mentes y esperar que nuestros cuerpos lo hagan también. Más bien, deberíamos ofrecer nuestros cuerpos para ponernos donde nuestras mentes puedan ser renovadas.

Utilizamos nuestras manos para escribir el cheque y dejarlo en el platillo de las ofrendas. Donde pongamos nuestro tesoro a través de la disciplina física del ofrecimiento, allí estará nuestro corazón (Mt. 6:21).

Abrimos nuestras bocas para compartir el evangelio. Movemos las piernas para huir de la inmoralidad. Apartamos la vista para evitar mirar a alguien con lujuria.

Las acciones del cuerpo abren la Biblia y apagan la televisión. Para leer un libro o escuchar a Dios, tenemos que hacer un esfuerzo concertado de apartar los oídos y los ojos de este mundo ruidoso e invasivo.

No solo somos seres espirituales, también somos seres físicos. Si no ofrecemos nuestros cuerpos como sacrificios vivos, nuestras mentes no se renovarán. ¿Por qué? Porque estas solo se alimentarán y tomarán la forma de aquello que aportamos a nuestro cuerpo.

Piensa de nuevo en el Salmo 1: "Bienaventurado el varón que no anduvo en consejo de malos, ni estuvo en camino de pecadores, ni en silla de escarnecedores se ha sentado; sino que en la ley de Jehová está su delicia, y en su ley medita de día y de noche" (vv. 1-2). En cada caso, se produce una acción física: andar, sentarse. Meditar en la Palabra implica abrirla con nuestras manos, mirarla con los ojos y pronunciarla con los labios.

"Mirad, pues, con diligencia cómo andéis, no como necios sino como sabios, aprovechando bien el tiempo" (Ef. 5:15-16). ¿Por qué no cambias dos horas al día que hubieras pasado frente al televisor, leyendo un periódico, jugando con los videojuegos, hablando por teléfono, trabajando horas extras o entretenido en un *hobby*? Cambia de hábitos. Pasa una hora meditando o memorizando las Escrituras. Pasa la otra hora leyendo un buen libro. Comenta lo que has aprendido con tu esposa e hijos, o con un amigo.

Escucha las Escrituras, un audio-libro o música de alabanza mientras doblas la ropa, sacas malas hierbas o conduces. Di no a las charlas en la radio o a los canales de deportes, no porque sean malos sino porque tienes algo mejor que hacer. Abstente totalmente de la televisión, la radio o Internet durante una semana. Descubre cuánto tiempo tienes. Utiliza ese tiempo para establecer nuevos hábitos que cultiven tu vida interior y te enseñen a morar en Cristo. "Yo soy la vid, vosotros los pámpanos; el que permanece en mí, y yo en él, éste lleva mucho fruto; porque separados de mí nada podéis hacer" (Jn. 15:5).

Dale a Jesús el primer puesto en tu vida. No dejes que la vida suceda sin más, elige qué hacer con ella, o al final te preguntarás dónde se ha ido. Si quieres perseverar como seguidor de Cristo, debes elegir conscientemente no malgastar tu vida o dejar que se eche a perder, e invertir en lo que realmente importa.

Elegir compañeros para una vida de perseverancia

Te convertirás en el tipo de persona con la que elija pasar su tiempo, ya sea en el trabajo, en el colegio, en la iglesia o en la cafetería. "No se dejen engañar: «Las malas compañías corrompen las buenas costumbres»" (1 Co. 15:33, NVI).

Habla con los que perseveran y comprobarás que han elegido buenos amigos que elevaron el estándar en lugar de bajarlo. Asegúrate de que tus amigos estén centrados en Cristo. Si tus amigos más cercanos no siguen a Jesús, tendrás diariamente todo tipo de razones para no seguirlo. Si siguen a Jesús, la presión social positiva te hará mantenerte en una vida de discipulado. "El que anda con sabios, sabio será; mas el que se junta con necios será quebrantado" (Pr. 13:20). Aquellos con los que elegimos pasar nuestro tiempo de ocio conformarán de forma importante nuestras vidas.

Tanto la televisión como la lectura nos ponen en compañía de alguien y nos alejan de la compañía de otros. Tú decides, ¿serás diferente por dejarte acompañar por Spurgeon en lugar de por Seinfeld? A la larga, ¿estarás más cerca de Dios, de tu familia y de tu prójimo viendo la tele, o apagándola y haciendo algo que valga la pena, algo que suponga una inversión en eternidad?

Una forma estupenda de perseverar en la vida cristiana es estudiar y hacer que tu vida siga el patrón de los seguidores de Jesús que han sido constantes a lo largo del tiempo. Para hacer esto, debes leer historia y biografías. Sigue el ejemplo de personas que ya murieron, pero siguen vivas, en lugar de seguir el ejemplo de personas vivas que ya están muertas. Compara leer una biografía de William Wilberforce o Amy Carmichael con ver un episodio de *Los Simpson* o de una comedia. ¿Qué te ayudará a madurar como cristiano? Aparta tus ojos de las celebridades y ponlos en los seguidores de Jesús. Pregúntate: ¿qué hicieron ellos para ser lo que son, y cómo puedo cambiar mi vida para seguir su ejemplo?

No hace falta que leas sobre pastores o teólogos. Stanley Tam es un hombre de negocios que declaró que Dios era el dueño de su compañía, U.S. Plastic. R. G. Letourneau, el inventor de las máquinas excavadoras, dio el noventa por ciento de su salario a Dios.

El Señor también ha puesto en su iglesia ejemplos de personas constantes en su obediencia. Búscalas y pasa el tiempo con ellas. Siéntate a los pies de los sabios, no de los necios.

Los malos libros son malos compañeros; los buenos libros son grandes amigos. Acabo de releer el libro de Bonhoeffer *El precio de la gracia*. Esta mañana estuve leyendo a C. S. Lewis y todavía siento sus huellas en mí por la tarde. Disfruto de las buenas películas y de una cantidad limitada de televisión. Pero el hecho es que si me hubiera pasado el día viendo la tele, no habría progresado en mi vida de discipulado.

Por eso me preocupa profundamente la caída vertiginosa que se está produciendo en los niveles de alfabetización, especialmente entre los jóvenes. Cada vez más los muchachos se pasan el día ante los videojuegos, las películas, la televisión, las páginas web, los *iPods* y los teléfonos celulares que tienen de todo, desde mensajes de texto hasta Internet o televisión. Leen bastante menos que los jóvenes de generaciones anteriores. Los muchachos que no leen se convierten en hombres que no leen. Si alguien no lee, tampoco lee la Palabra de Dios. A menos que se revierta esta tendencia —lo cual no sucederá si no se produce una intervención decisiva—, sufriremos una marea de injusticia tanto en el pensamiento como en la vida, y una enorme crisis de liderazgo en la iglesia de mañana.

Sufrimos un serio peligro de sumergir a las futuras generaciones en la superficialidad, la inmoralidad y la herejía porque no están ahondando en las Escrituras y en los buenos libros fundamentados en ellas. Las familias y las iglesias comprometidas con la formación de un carácter cristiano que persevere deben tratar este tema frontalmente.

Perseverar anticipando nuestra verdadera patria

> Pero nosotros esperamos, según sus promesas, cielos nuevos y tierra nueva, en los cuales mora la justicia (2 P. 3:13).

> Porque esperaba la ciudad que tiene fundamentos, cuyo arquitecto y constructor es Dios... eran extranjeros y peregrinos sobre la tierra... que buscan una patria... pero anhelaban una mejor, esto es, celestial; por lo cual Dios no se avergüenza de llamarse Dios de ellos; porque les ha preparado una ciudad (He. 11:10, 13-16).

Estos pasajes hablan de esperar deseosos nuestro hogar en el cielo. En la tierra nueva, los resucitados moraremos por siempre con nuestro Señor Jesús, reinando sobre la creación de Dios, tal como Él pretendía desde el principio. No obstante, muchos cristianos *no* esperan esto con ansias. No desean más que ser ascendidos o retirarse. Con sueños de tan poco valor y a tan corto plazo, no pueden perseverar ante las dificultades del discipulado ni disfrutar de sus placeres.

Piensa en cómo se ven las dificultades desde una perspectiva de eternidad:

> ... las aflicciones del tiempo presente no son comparables con la gloria venidera que *en nosotros ha de manifestarse*. Porque el anhelo ardiente de la creación es el aguardar la manifestación de los hijos de Dios... la creación misma será libertada de la esclavitud de corrupción (Ro. 8:18-21).

> Porque esta leve tribulación momentánea produce en nosotros un cada vez más excelente y eterno peso de gloria; no mirando nosotros las cosas que se ven, sino las que no se ven... (2 Co. 4:17-18).

Algún día estaremos con la Persona para la que fuimos hechos, viviendo en el Lugar para el que fuimos creados. El gozo será el aire que respiraremos. Estaremos agradecidos por siempre por la gracia perseverante que Jesús, el Rey de reyes, nos ofreció.

Deberíamos recordarnos a nosotros mismos con regularidad

que lo mejor está todavía por venir. Aún no hemos llegado a lo más alto y, cuando lleguemos allí en la resurrección, nunca pasaremos de largo. Esta seguridad nos ayudará aquí y ahora a vivir controlándonos y disciplinando nuestras vidas de gratificación aplazada, sabiendo que las recompensas eternas nos esperan en presencia de nuestro Señor, la Fuente del gozo eterno.

Humildad, generosidad y pureza como camino para la perseverancia

> ... revestíos de humildad; porque: Dios resiste a los soberbios, y da gracia a los humildes. Humillaos, pues, bajo la poderosa mano de Dios, para que él os exalte cuando fuere tiempo (1 P. 5:5-6).

Si eliges el orgullo, te encontrarás con la oposición de Dios. Si eliges la humildad, conseguirás la gracia de Dios. Por eso los orgullosos caen, mientras que los humildes perduran. Nadie debería verse a sí mismo como una celebridad, solo como siervos. Somos los chicos de los recados de Dios. ¡Y qué gran privilegio!

El Señor nos humilla de las formas que mejor conoce. Dos de las mejores cosas que Dios ha hecho por mí fue darme una enfermedad crónica (diabetes insulinodependiente) y los pleitos con las clínicas abortistas que me obligaron a dimitir como pastor de la iglesia que amaba. Nunca habría elegido ninguna de las dos, pero acepté ambas con gusto en lugar de dejar de lado lo que había aprendido sobre confiar en Dios. A través de nuestros aguijones en la carne, Él dice: "Bástate mi gracia; porque mi poder se perfecciona en la debilidad".

"Antes del quebrantamiento es la soberbia, y antes de la caída la altivez de espíritu" (Pr. 16:18). Quizá las dos mejores formas en las que Dios humilla a los orgullosos sean las dos amenazas mayores contra la perseverancia en la vida cristiana: los ídolos gemelos de nuestra cultura, el dinero y el sexo.

El ídolo del dinero
Jesús advierte sobre la posibilidad de ser ahogado por "el engaño de las riquezas" (Mt. 13:20-22). La sabiduría promete lo que nunca da: plenitud, placer, gozo. Las cosas tienen masa, y la masa tiene gravedad, y la gravedad hace que las personas giren en órbita alrededor de las cosas. Se convierten en el centro de nuestras vidas en lugar de Cristo.

Los engañados por el evangelio de la salud y la riqueza a menudo se rinden cuando la enfermedad, el sufrimiento y la pobreza los golpea. Imaginan que Dios ha roto sus promesas, porque han ignorado, por ejemplo: "...todos los que quieren vivir piadosamente en Cristo Jesús padecerán persecución" (2 Ti. 3:12). Los cristianos de todo el mundo conocen el sufrimiento y glorifican a Dios en su sufrimiento, perseverando hasta el final. La teología de la prosperidad no procede de Jesús; es la creación del materialismo occidental cristianizado. Cualquier evangelio que sea más verdadero en California que en China no es el verdadero evangelio.

Como he comentado en mis libros *El principio del tesoro* y *Money, Possessions and Eternity* [Dinero, posesiones y eternidad], dar es el único antídoto contra el materialismo. Una de las mejores formas de perseverar en la fe es dar más, tener menos intereses materiales con los que distraerse de Cristo y más cosas que nos atraigan hacia Él. Como dijo Jesús: "Porque donde esté vuestro tesoro, allí estará también vuestro corazón" (Mt. 6:21).

Así que ¿por qué no pones un límite a lo que tú y tu familia necesitan para vivir y das el resto para el Reino de Dios? Lo que te quedes no te dará satisfacción; lo que des te liberará de la atadura del dinero y te ayudará a experimentar la fuerza de la gracia de Dios.

Conocemos a los guerreros de oración de nuestras iglesias. ¿Dónde están los guerreros de la donación? ¿Quién asesora a la siguiente generación sobre cómo donar? ¿Cómo esperamos que vivan vidas cristianas de perseverancia cuando están aprendiendo de nosotros, los materialistas?

El ídolo del sexo
La inmoralidad sexual es otra de las grandes fuerzas disuasorias de la vida cristiana. Gran cantidad de cristianos, incluidos líderes de iglesias, han naufragado eligiendo erróneamente una y otra vez hasta llegar a la ruina moral. Los que creen que no hay peligro de que les roben, dejan el dinero a la vista de todos y no cierran la puerta. Los que creen que la inmoralidad sexual no les sucederá a ellos también hacen elecciones equivocadas respecto a los lugares a los que van, o las cosas que hacen o las personas con las que pasan el tiempo libre. Luego acaban cayendo en esa inmoralidad.

Satanás tiene como objetivo la inmoralidad, y la sociedad le proporciona municiones sin descanso. Desdichadamente, incluso la mayor parte de los hogares cristianos dan acceso a ello. Los padres cristianos deben dejar de ser ingenuos y empezar a proteger a sus hijos. Si tienes un adolescente con acceso a Internet en su habitación, es como si le dejaras tener el armario lleno de revistas pornográficas y le dijeras: "No las mires". Si esto te parece exagerado, es que no sabes cuántos jóvenes, incluidos los de tu iglesia, son esclavizados por la pornografía en sus propios hogares. (Y cuántas jovencitas cristianas visitan los chats para flirtear con hombres).

No se puede dejar un legado cristiano duradero a los que están cautivados por la lujuria. Cuando permitimos que nuestros hijos tengan acceso a la pornografía, a los chats, y a mucho de lo que se puede encontrar en la red, así como en la televisión y las películas saturadas de inmoralidad, minamos todo lo que están aprendiendo sobre Jesús. Estas cosas los apartan del Señor, nunca los acercan a Él.

Para que ellos y nosotros perseveremos en la vida cristiana, debemos derrocar el ídolo del sexo y guardar nuestros corazones, dándonos a Jesús de nuevo cada día, cada hora. Solo entonces nos liberaremos de la atadura del pecado que domina en la actualidad a la cultura popular. Solo entonces podremos proteger a nuestros hijos. Ciertamente, nunca conseguiremos guiarlos ni guardarlos de lo que nos esclaviza.

Conclusión: El hermano Elliot que tú no conoces

Enero de 2006 fue el cincuenta aniversario de la muerte de cinco misioneros martirizados en Ecuador. Ese mes en los cultos de nuestra iglesia entrevisté a Steve Saint, el hijo de Nate Saint, y a Mincaye, uno de los guerreros tribales que asesinó a los misioneros y después se convirtió a Cristo. Uno de los hijos de Ed McCully se unió a nosotros cuando la familia de Jim Elliot nos invitó a cenar en Portland, en la casa donde Jim había crecido.

Allí estábamos nosotros, con familiares de tres de los cinco mártires, y Mincaye, que ahora es como de la familia para ellos. También estaban el hermano mayor de Jim Elliot, Bert, y su esposa, Colleen. En 1949, cuando Bert y Colleen eran estudiantes en la Multnomah Bible College, fueron invitados al Perú por un misionero. Se hicieron misioneros para ese país años antes de que Jim fuera a Ecuador.

Aquel enero cuando nos reunimos con ellos estaban en su período de permiso. Cuando conversábamos sobre el Perú, Bert sonrió y dijo: "No veo el momento de regresar". Ahora a sus ochenta años, están próximos a su sesenta aniversario como misioneros. Hasta aquel fin de semana, no sabía nada de estas personas. Bert y Colleen Elliot entrarán sin distinciones en el Reino de Dios "según el radar" de la iglesia, pero no según el de Dios.

Bert me dijo algo aquel día que no olvidaré nunca: "Jim y yo servíamos a Cristo, pero de forma diferente. Jim era un gran meteoro que surcaba el cielo".

Bert no terminó de describirse a sí mismo. Pero yo lo describiría de la siguiente manera: una débil estrella que salía noche tras noche y cruzaba fielmente el cielo por el mismo camino, sin ser vista desde la tierra. Muy diferente a su hermano Jim, la estrella fugaz.

Creo que Jim Elliot está experimentando una gran recompensa. Pero no me sorprendería descubrir un día que la recompensa de Bert y Colleen sea incluso mayor.

> ... y del polvo de la tierra se levantarán las multitudes de los que duermen, algunos de ellos para vivir por siempre, pero otros para quedar en la vergüenza y en la confusión perpetuas. Los sabios resplandecerán con el brillo de la bóveda celeste; los que instruyen a las multitudes en el camino de la justicia brillarán como las estrellas por toda la eternidad (Dn. 12:2-3, NVI).

Bert y Colleen Elliot han perseverado a lo largo del tiempo. No importa si seguimos a Dios y dejamos nuestro país o nos quedamos en él, todos estamos llamados a una vida de perseverancia fiel, capacitada por Cristo.

¿No sería estupendo llegar al final de nuestras vidas con los menores remordimientos posibles?

Por eso, *cuando nuestra vida llegue al final, preguntémonos qué desearemos haber hecho de menos o de más.*

En lo que se refiere a las elecciones que forman carácter, ¿por qué no pedir a Dios que nos capacite para pasar el resto de la vida cerrando la brecha entre lo que desearíamos haber hecho y lo que realmente hemos hecho?

Capítulo 5

Una cosa

Helen Roseveare

El tema que se nos pidió a los autores que tratáramos en este libro fue: "Un llamado a la *resistencia* de los santos". Yo lo he cambiado ligeramente a: "Un llamado a la *perseverancia* de los santos". En Inglaterra la palabra *resistencia* hace pensar en ese tipo de tarea que consigues terminar apretando los dientes y con el labio superior rígido. Mientras que la palabra *perseverancia* hace pensar en una actividad que se lleva a cabo paso a paso sin querer abandonarla, pase lo que pase.

Caleb

Cuando empecé a pensar en el tema, rápidamente vino a mi mente Caleb. Caleb tenía *ochenta y cinco* años cuando le recordó a Josué la promesa que Moisés le había hecho. "Dame... este monte", le dijo cuando llegaron a la Tierra Prometida. Leí de nuevo su historia, primero en Números 13—14, después en Deuteronomio 1:36 y en particular en Josué 14. Cinco veces se puede leer una expresión contundente en el contexto de Caleb: *"de todo corazón"* (Nm. 32:12; Dt. 1:36; Jos. 14:8, 9, 14). Él fue fiel al Señor de todo corazón. No hubo escasez de entusiasmo. No hubo momentos de ahora sí, ahora no, ahora mucho, ahora nada. No elegía cuándo ser fiel y cuándo no. ¡Y tenía ochenta y cinco años! Todavía me falta mucho para llegar a ello, pero pensé que *así* me gustaría ser a mí: fiel de todo corazón.

Hace poco alguien me preguntó: "¿Quiénes son tus héroes?". Tuve que pararme a pensar. *Realmente no tengo ningún héroe aparte de Jesús*. Pero me di cuenta de que en cierto sentido, Caleb era uno de mis héroes. Seguía siendo fuerte a los ochenta y cinco, preparado para luchar por una montaña habitada por gigantes con ciudades fortificadas. Fue por ello. No se rindió.

Policarpo
Después pensé en Policarpo, el obispo de Esmirna. Tenía *ochenta y seis* años cuando fue quemado en la hoguera en el 156 d.C. Podía haber salvado su vida si hubiera maldecido a Cristo. Pero dijo: "Ochenta y seis años le he servido, y no me ha hecho ningún mal; ¿cómo puedo blasfemar contra el rey que me salvó?".[1]

Blandina
Después pensé en Blandina, una joven esclava tímida y de cuerpo frágil. Sufrió todo tipo de torturas en el siglo primero, sin embargo no se la pudo obligar a renegar de su fe antes de ser sentenciada a muerte. La edad no es importante: una joven esclava y un obispo al final de su vida, los dos siguieron a Jesús hasta el final.

Hebreos 12
Y así llegamos fácilmente a Hebreos 12:1, donde se nos aconseja despojarnos del lastre que nos estorba —despojarnos del pecado que con tanta facilidad nos asedia— para que "corramos con *perseverancia*" (NVI) la carrera que nos ha sido trazada. Esta carrera no es solo para Caleb, el obispo Policarpo o Blandina, también es para cada uno de nosotros. Todos los que conocemos y amamos al Señor Jesús tenemos que correr con perseverancia la carrera que nos ha sido trazada, fijando nuestros ojos en Él.

En febrero de 2006, un profesor de Biblia de mi país, el reverendo Edward Lobb, predicó dos sermones en mi iglesia sobre Hebreos 12. Resaltó el hecho de que nosotros como cristianos no hemos sido invitados a un *picnic*. No nos dan una hamaca cuando llegamos a los cincuenta o sesenta años. No se nos invita a desentendernos y decir: "Ya está". No. Así no funciona esto. Hemos sido llamados a una carrera que necesita determinación, agallas y perseverancia hasta el final. Todo el mundo puede empezar una carrera, pero lo que importa es ser capaces de llegar a la meta.

El escritor de Hebreos les escribía a los judíos cristianos perseguidos. Eran perseguidos hasta el punto de ser expulsados del templo. Habían perdido todo lo que amaban durante los días del Antiguo Testamento: el templo donde se oraba, las ropas de buena calidad de los sumos sacerdotes y las ordenanzas que habían practicado. Ni siquiera se les permitía entrar en el patio del templo. Sentían que habían perdido muchas cosas y no estaban seguros de lo que habían ganado. Pero el escritor de Hebreos les dice: "Con Jesús es mejor. Con Jesús es mejor. No adoren a los ángeles. Jesús es mejor que los ángeles. No se aferren al culto que practicaban los santos del Antiguo Testamento. Jesús es mejor". Resalta eso a lo largo de toda la carta y les suplica que no vuelvan atrás, que no se atemoricen, que no abandonen.

Más adelante, en el capítulo 11, leemos esa maravillosa lista de santos del Antiguo Testamento. Todos ellos perseveraron, terminaron sus carreras; algunos, entre enormes sufrimientos. El escritor nos dice cómo unos fueron cortados en trozos, pero todos perseveraron hasta el final. No se rindieron, y Dios no los desamparó ni los abandonó.

En Hebreos 12:2 leemos que Jesús, nuestro Sumo Sacerdote, terminó su carrera. Terminó la carrera que Dios le había encomendado, que era morir en la cruz por ti y por mí. Llegó al final. Recuerda cómo gritó en la cruz: "Consumado es" (Jn. 19:30). Jesús no se detuvo antes de terminar el trabajo que Dios le había encomendado de salvarnos a ti y a mí. Dijo: "...no se haga mi voluntad, sino la tuya" (Lc. 22:42).

Amigos, ustedes y yo podemos consumar también nuestra tarea si mantenemos los ojos fijos en Jesús, aceptamos su disciplina amorosa y soportamos las complicaciones sin quejarnos o sin sentirnos amargados.

El verano pasado en un campamento para jovencitas, ofrecí tres estudios bíblicos sobre la vida de David. Estudiábamos juntas cómo David fue ungido como futuro rey y cómo demostró su valentía en la batalla contra Goliat. Observamos lo fiel que había sido en muchos aspectos. Pero después, hacia el final de su reinado, leemos la historia de Betsabé. Dios misericordiosamente le envió a Natán, y David se arrepintió. Como consecuencia de ello, tenemos el Salmo 51, que nos anima diciendo que si nos arrepentimos de verdad de nuestro pecado, Dios nos perdonará y nos admitirá de nuevo. Gracias a Dios por ello, sí. Pero ¿por qué este fracaso? ¿Y tan cerca del final?

Recuerdo una ocasión en Nebobongo, el pequeño hospital donde trabajaba en el corazón de la zona boscosa del noreste del Congo. Un muchacho llegó un día —tendría unos once años— para decir que su padre, un evangelista, estaba muy enfermo en un pueblo allá en el bosque. Como yo era muy nueva en África y no conocía el camino, le pregunté al muchacho:

—¿Podrías llevarme hasta él?

—Oh, sí —contestó él.

Así que pregunté:

—¿A qué distancia está? —sabía que nos quedaba poca gasolina para la ambulancia.

Él dijo:

—Dos sueños.

(En otras palabras, le había llevado tres días llegar hasta mí, y había dormido dos veces en el camino). Deduje que serían unos ciento cuarenta kilómetros y pensé rápidamente: *Bueno, creo que tengo gasolina suficiente para llegar*. Así que cuando el muchacho me aseguró que podíamos conseguir un bidón de gasolina de cuatrocientos litros si llegábamos hasta el pueblo de su padre, emprendimos el viaje juntos. Se sentó a mi lado en la cabina, y hablamos. ¡Qué buena conversación! Yo hablaba de nuestro Señor Jesús. Comentábamos cosas, y le contaba historias sobre el Señor. En un momento dado, llegamos a una bifurcación del camino, y el dijo: "A la derecha", y fui hacia la derecha. Llegamos a una encrucijada de caminos, y giramos, y seguí hablando con él. De repente el coche renqueó, resopló y se paró. Miré la aguja de la gasolina: nos habíamos quedado sin combustible. El muchacho miró a su alrededor y me dijo: "Doctora, no sé dónde estamos. No he estado aquí antes".

Tuvimos que dejar el vehículo a un lado de la carretera y empezar a desandar el camino. Tras tres o cuatro kilómetros caminando llegamos a una bifurcación.

—Oh —dijo él—, teníamos que haber ido a la izquierda aquí.

No lo habíamos hecho. Habíamos ido hacia la derecha. Caminamos otros tres kilómetros. Había unos ocho kilómetros desde donde habíamos dejado el coche hasta el pueblo del muchacho. Habíamos estado muy cerca, pero en el último momento, tomamos la senda equivocada.

Así puede suceder en nuestra vida cristiana. Es esencial seguir *hasta el final.* Empezar una carrera está bien, pero es mucho más importante seguir hasta tocar la cinta de llegada.

La perseverancia de Cristo para con nosotros

Cuando meditaba sobre nuestra perseverancia en seguir a Jesús, me detuve un momento al pensar que realmente hay una cosa mucho más importante que esa: *su* perseverancia para con nosotros, tú y yo. Nunca deja de asombrarme la paciencia de Dios y su sufrimiento conmigo. En particular cuando estoy en la Mesa del Señor en la iglesia, durante ese momento del culto en el que todos confesamos nuestros pecados a Dios. Allí recuerdo la última vez que estuve en la Cena del Señor: *Son las mismas cosas que confesé la última vez*. Es la misma impaciencia o irritabilidad, o ese sentir un poco de pena por mí misma, ese síndrome mío de pobrecita. Una vez más le digo a Dios que lo siento y que quiero cambiar de todo corazón. Realmente quiero que Él me haga más parecida a Jesús, *quiero* ser semejante a Cristo, pero fracaso muy a menudo. Es muy paciente, ¿verdad? No se deshace de nosotros. No dice: "Has tenido todas las oportunidades necesarias; he terminado contigo". Dios es siempre muy misericordioso. Su perseverancia con nosotros —al transformarnos para que nos asemejemos a su Hijo como miembros de su familia— es sorprendente.

Recuerdo un estribillo que canté cuando fui salva:

> Fija tus ojos en Cristo,
> Tan lleno de gracia y amor,
> Y lo terrenal sin valor será,
> A la luz del glorioso Señor.[2]

Por lo tanto, antes de pensar en nuestra perseverancia en seguirlo, detengámonos un momento a meditar en su perseverancia para con nosotros, para contigo y para conmigo.

Una cosa

Cada año entre Navidad y Año Nuevo, busco tiempo para pasarlo a solas con Dios y pedirle que me dé un versículo para el año siguiente. Para el 2006 me dio una frase de Efesios 1:17: "...para que lo conozcan mejor" (NVI). Ese fue el deseo de mi corazón durante todo el año: conocerlo mejor. Cuando Pablo escribió esa frase, estaba llegando al final de su vida, prisionero en Roma. Había sido misionero durante años, y todavía le salía esta plegaria del corazón: "Para conocerlo mejor".

Le pedí al Señor un versículo para el 2007, y me dio el Salmo 27:4: "Una cosa he demandado a Jehová, ésta buscaré; que esté yo en la casa de Jehová todos los días de mi vida, para contemplar la hermosura de Jehová, y para inquirir en su templo". Cuando estaba orando este versículo, me llamó la atención una frase. El versículo empezaba con dos palabras "una cosa". Así que miré en la concordancia de todas las versiones de la Biblia donde decía "una cosa" y dejé que mi mente ahondara en esa frase.

Quiero que pensemos en tres versículos que dicen "una cosa":

- Una cosa sé (un hecho *pasado*)
- Una cosa hago (una actividad *presente*)
- Una cosa busco (una aspiración *futura*)

Estos tres apuntan al pasado, al presente y al futuro testimonio de mi vida cristiana.

Una cosa sé

"Una cosa sé" procede de Juan 9:25. Jesús curó a un hombre que había nacido ciego. Los fariseos preguntaban: "¿Quién lo hizo?". Discutían con el hombre diciendo que él no era el que había nacido ciego, y que si lo era, querían saber quién lo había curado. El hombre dijo: "...Si es pecador [Jesús], no lo sé; una cosa sé, que habiendo yo sido ciego, ahora veo". Y ese era el hecho; en realidad un hecho pasado. Oro que para todos y cada uno de nosotros eso sea un hecho pasado en nuestra experiencia personal. Hubo un tiempo en que estuve ciega a las cosas de Dios, pero de repente pude ver.

Nunca olvidaré aquella maravillosa tarde, la primera de enero, un hermoso día de Año Nuevo hace unos sesenta años. Lo recuerdo como si fuera ayer. No sé cómo hace Dios esas maravillas, pero de repente supe con absoluta claridad que Él me conocía y me amaba tanto que había enviado a su Hijo Jesús a morir por *mí*. Escuché ese maravilloso evangelio en el primer trimestre en la universidad, cuando asistía a las reuniones de la Unión Cristiana. Ni siquiera sé por qué iba a aquellas reuniones, solo sé que me llamaban la atención, me atraían; pero no conocía al Salvador. Ahora sentía dentro de mi corazón un ansia creciente. Durante las vacaciones de Navidad, las chicas de la U. C. lo arreglaron todo para que fuera a una fiesta cristiana, y de repente, la última noche de la fiesta, lo supe. *Supe que había estado ciega, pero ahora veía.* Y esta certeza completa, el conocimiento de lo que Jesús había hecho por mí en el pasado, me hizo sentirme completamente segura de que estaba salvada.

Existe una enseñanza filtrada, incluso en lo que llamamos la iglesia cristiana evangélica, que está disminuyendo la importancia del hecho de que *Jesús murió por nuestros pecados*. Dicen que murió como ejemplo, o algo similar. Honestamente, no sé cómo racionalizan el hecho de su pena de muerte en la cruz como nuestro Salvador o en qué creen realmente en lugar de la Verdad. De hecho, no sé cómo se denominan a sí mismos cristianos si no creen que "Jesús murió por nuestros pecados". Para mí, esa es *la* realidad básica del cristianismo. Jesús murió por mis pecados. Y esto es para mí una *realidad* sólida. Y cualquier cosa que ocurra en la vida de un cristiano, cualesquiera que sean sus problemas o dificultades, una cosa es cierta:

> Con sin igual amor Cristo me ama,
> su dulce paz en mi alma derrama,
> y por salvarme su vida dio:
> ya pertenezco a él.
>
> Ya pertenezco a Cristo
> ¡cuán pura es su amistad!
> Por las edades durará,
> y por la eternidad.[3]

Suelo decir que esa noche hace sesenta años me enamoré de Jesús. Estoy abrumada por su amor por mí. La señora que estaba al cuidado de la casa donde se hacía la fiesta me dio una Biblia nueva. El hombre que había estado dirigiendo los estudios bíblicos —el doctor Graham Scroggie, un gran maestro bíblico de Reino Unido en la primera mitad del siglo pasado— escribió un versículo de Filipenses en mi nueva Biblia, Filipenses 3:10: "A fin de conocerle, y el poder de su resurrección, y la participación de sus padecimientos, llegando a ser semejante a él en su muerte". Media hora después de haber sido salvada, el doctor Scroggie me inscribió en un curso bíblico por correspondencia de cuatro años de duración. A través de sus tutorías, durante esos cuatros años, me di cuenta de que no solo me había enamorado de Jesús, sino que también me había enamorado de su Palabra.

Cuando volví a la cama aquella noche, traté de encontrar Filipenses 3 y leer el versículo en su contexto. No sabía nada de la Biblia; de hecho, era totalmente ignorante de todo lo referente a los asuntos espirituales. No tenía ni idea de quién era ese Pablo que había escrito ese capítulo, pero supe cuando lo leí que quería amar a Jesús como él lo hacía. Quería amarlo de todo corazón. Quería amarlo con todo lo que poseía; ponerlo a Él en primer lugar en todas las cosas. Es así como, en parte, Caleb se convirtió en un patrón de mi vida: para amar al Señor y serle fiel *de todo corazón*. Cuando empecé a estudiar la Biblia a diario, me encontré con versículos como Romanos 8:1: "Ahora, pues, ninguna condenación hay para los que están en Cristo Jesús". Y: "…porque no hay otro nombre bajo el cielo, dado a los hombres, en que podamos ser salvos" (Hch. 4:12). Solo existe Jesús. Él es nuestro único, amado y hermoso Salvador.

Volví a la facultad, donde me recibí de médica. Fui aceptada en nuestra misión WEC International. En 1935 partí para el Congo. Todas las experiencias de esos primeros años de facultad y los doce primeros años en el Congo como misionera y después los cinco meses de rebelión (la guerra civil del Congo en 1964) me persuadieron a escribir (tras ser rescatada y volver a casa) mi primer libro, donde intenté expresar este deseo de amar al Señor y servirle de todo corazón. Caleb dijo: "Dame… este monte" (Jos. 14:12). En los primeros años de misión deseaba tener experiencias importantes. Quería estar en lo alto. Quería ver a Jesús. Quería casi desesperadamente complacerlo, demostrarle con cada pequeño detalle cuánto lo amaba. Hubo muchos problemas. Hubo momentos de frustración. En ocasiones estuve a punto de rendirme. Me angustiaba no poder ser lo que yo sabía que Dios quería que fuese. Pero por encima de todo, tenía este gran deseo de amarlo y seguirlo de todo corazón.

Una cosa hago
Ahora vamos a pensar en el segundo "una cosa". En Filipenses 3:13, Pablo escribe: "…yo mismo no pretendo haberlo ya alcanzado;

pero una cosa hago...". "Una cosa hago" está en presente; tiempo presente activo. "Olvidando ciertamente lo que queda atrás, y extendiéndome a lo que está delante, prosigo a la meta, al premio del supremo llamamiento de Dios" (vv. 13-14). Oseas 6:3 dice: "Prosigamos". Es una traducción literal de mi Biblia Swahili: "Prosigamos". No abandonar, continuar para conocer al Señor hasta el final. Jesús dijo: "Y seréis aborrecidos de todos por causa de mi nombre; mas el que persevere hasta el fin, éste será salvo" (Mt. 10:22). Sabemos que somos sus embajadores. Se nos ha confiado la palabra de la reconciliación y se nos ha pedido que transmitamos a otros que Jesús murió por sus pecados. Y esa es *la* certeza de lo que debería ser nuestra actividad en tiempo presente. Eso es para lo que hemos sido enviados. Dios nos ha enviado para hablarles a los demás de Jesús. Debería haber seriedad en nuestros espíritus. Debería considerarse una obligación (no una posibilidad, o un quizá; no es una opción). Yo *debo* hablar a los demás de Jesús. Debo contárselo. Eso es lo que dijo Pablo: "...Más bien, una cosa hago: olvidando lo que queda atrás y esforzándome por alcanzar lo que está delante, sigo avanzando hacia la meta para ganar el premio que Dios ofrece mediante su llamamiento celestial en Cristo Jesús" (vv. 13-14, NVI).

Incluso cuando aparezcan el desánimo o un sentimiento de cansancio o de estar envejeciendo, ¡sigamos avanzando! No nos rindamos. Tenemos que continuar paso a paso diariamente siguiendo este lema: *Para complacerlo*. Complaciéndolo en todo: en cada elección que hagamos, desde la más pequeña a la más importante. No importa de qué tipo sean las elecciones, que nuestro lema sea: *Complacerlo en todo*. Este debería ser nuestro compromiso para la vida.

He pasado mucho tiempo en los últimos años con estudiantes universitarios, en su mayoría cristianos, intentando animarlos. A veces vuelvo a un lugar para hacer una segunda visita, normalmente un par de años después. Y les pregunto: "¿Cuántos de ustedes estaban aquí cuando yo vine la vez anterior?". Con bastante emoción, levantan las manos. Les alegra poder decirme que estuvieron allí la última vez que yo estuve. "Bueno —les digo—, no deberían estar aquí. Si hubieran escuchado lo que dije la última vez que estuve aquí estarían misionando"; o al menos en proceso de entrenamiento para moverse en esa dirección.

Siempre existe la tentación de relajarse, de ablandarse. Es fácil salir en busca de mejores pastos. En cierto modo, es fácil pensar: *Si no hubiera tenido que trabajar con tal y cual. Si pudiera estar en tal o cual lugar, podría ser lo que Dios quiere que sea. Podría haberlo conseguido, pero...* Culpamos a las circunstancias, o a los compañeros o incluso a nuestros hogares. Si se es misionero, se echa la culpa al comité. (Solía pensar que la única razón por la que teníamos comités en las misiones era para que los misioneros tuvieran alguien a quien echar la culpa). Pero de hecho, la responsabilidad está en mí. La cultura actual de echar la culpa a otro me lleva a intentar justificarme a mí misma si me empiezo a relajar, si me empiezo a ablandar, si llego a un lugar en el que digo: "No puedo hacer más, Señor. He hecho lo que he podido; quiero relajarme". Si me encuentro a mí misma pensando o hablando así, estoy en peligro. Tenemos que estar comprometidos al cien por ciento en llegar hasta el final.

Uno de los principales problemas que tuve fue aprender a vivir una vida cristiana constante y coherente, cualquiera que fuera el lugar en el que Dios me colocara. Pasé veinte años en el Congo, en África Central, donde en muchos aspectos era fácil ser cristiano: era la única blanca entre ochenta mil personas de color. Fuera donde fuera, me reconocían inmediatamente como la misionera. Cuando conocía a un africano, solía decirme: "Si eres misionera, tu trabajo consiste en hablar de Jesús; así que ven, habla de Jesús". Era relativamente fácil. Después el Señor me llamó para que volviera a vivir y trabajar en Reino Unido. Ahora vivo en las afueras de Belfast. Amo a los africanos. Me encantaba ser misionera en medio de África. Pero me resultó mucho más duro amar a los prósperos occidentales. En África, si uno va caminando por la jungla, a través de zonas pantanosas, y cruza un puente hecho de troncos resbaladizos, se encontrará con un africano que viene en la otra dirección. Uno de los dos tendrá que darse la vuelta; pero ¡yo nunca pude hacerlo! Solo me balanceaba en esos puentes, si pasaba alguien, ya no tenía escapatoria. Me caía fijo a las aguas embarradas. Por eso, la otra persona volvía hacia atrás amablemente. Cuando yo cruzaba al otro lado, le decía:

—¿Conoces a mi mejor amigo?
—¿Quién? —decía él.
—Jesús —decía yo.

—No —respondía él.
—¿Te lo puedo presentar?
—Sí —decía él.

Y nos sentamos en la tierra húmeda y hablamos durante dos, tres y hasta cuatro horas. Él no tenía prisa. El tiempo allí no importa. Pero en el Reino Unido, no se puede hacer eso. Allí no es tan fácil. He tenido que aprender que a Dios no le importa donde nos coloca. Tenemos que aprender a ser cristianos coherentes y constantes, amar a Jesús al cien por ciento y comprometernos hasta lo más profundo para complacerlo en todas las ocasiones, no importa dónde nos coloque.

Esto exige que bajemos a los valles. No podemos cumplir con los propósitos de Dios para nuestras vidas en lo alto de la montaña. Los discípulos vieron transfigurarse a Jesús en toda su gloria y resplandor en lo alto de la montaña. Sus ropas relucían, sus ojos relucían. Estaban ante la presencia misma de la gloria de Dios. Después bajaron de nuevo al valle, donde estaba la multitud. Entre ella había un padre con su hijo epiléptico (o poseído por un demonio). Ahí fue donde se hizo el trabajo. Lo alto de la montaña era el lugar de la visión, pero la obra se hizo abajo, en el valle. Así nos pasa a nosotros: lo que realmente cuenta es permanecer de buena gana en el valle. A veces puede ser muy oscuro. Puede ser muy solitario. Puede ser muy frustrante. A veces quiero clamar, como hizo aquel padre: "…Creo, ayuda a mi incredulidad" (Mr. 9:24). Pero tenemos que perseverar.

En los cinco meses en los que fuimos retenidos por los soldados de la guerrilla durante la guerra civil del Congo, era inútil quejarse o gemir por los temores o las heridas. Sabía que estaba allí porque Dios me había puesto allí. Cualquier cosa que me pasara en ese lugar era responsabilidad de Dios. Al final fuimos rescatados y enviados a casa para recuperarnos. Luego cuando volvimos, las personas decían: "¡Son maravillosos!". Honestamente, yo no era maravillosa en absoluto. Toda mi vida adulta había vivido en el Congo. Nunca había practicado la medicina en otro lugar que no fuera el Congo. Los congoleños eran mi familia. Los amaba. No quería quedarme en casa en Reino Unido. En realidad no había nada maravilloso en nuestra decisión de regresar. Un urgente deseo de "complacer a Jesús" se había convertido en parte de mí. Realmente quería vivir por Él al cien por ciento. Habíamos sabido

—incluso mientras estábamos cautivos, incluso cuando nos golpeaban salvajemente, incluso cuando las cosas eran desagradables— que Dios estaba todavía en el trono y no había olvidado a los suyos. Él estaba con nosotros. Y estará con nosotros pase lo que pase. Está llevando a cabo sus propósitos.

Mientras meditaba en que debemos hablar a los demás de Jesús —en cualquier parte, en cualquier circunstancia—, me acordé de dos pasajes de las Escrituras. Isaías 52:7 dice: "¡Cuán hermosos son sobre los montes los pies del que trae alegres nuevas, del que anuncia la paz, del que trae nuevas del bien, del que publica salvación, del que dice a Sion: ¡Tu Dios reina!". ¿No es hermoso? Jesús nos dice a ti y a mí: "Si les hablas a los demás de mí, eres hermoso". Puede que nadie más piense que tú o yo somos particularmente hermosos, pero Dios dice: "Si te preocupas por hablarle a los demás de Jesús, eres hermoso a mis ojos".

Otro pasaje donde Jesús dijo que lo que se hacía era hermoso fue en la casa de Simón, cuando estaban comiendo, y una mujer rompió el frasco de alabastro que contenía el ungüento y ungió al Señor como preparación para su entierro, según sus palabras. Los otros discípulos refunfuñaron: "...¿Para qué este desperdicio de perfume? Podía haberse vendido por muchísimo dinero para darlo a los pobres". Jesús dijo: "...¿Por qué la molestan? Ella ha hecho una obra *hermosa* conmigo" (Mr. 14:4-6, NVI). Eso significa que cuando adoramos a Jesús —entregando lo más íntimo de nuestra alma, dándole gracias por permitirnos adorarlo en cada situación de nuestra vida, poniendo a Jesús primero, amándolo, deseando conocerlo mejor, estar a su lado—, Él dice que eso es hermoso. Cuando le servimos, cuando lo adoramos, Dios dice que eso es hermoso. Es muy considerado de su parte decir que todo lo que intentamos hacer por Él es hermoso; es muy considerado que nos mire y nos diga que somos hermosos cuando les hablamos a los demás de Él.

Quizá conozcas este himno:

> Mi objetivo es Dios, no el gozo ni la paz,
> Ni la bendición, solo Él, mi Dios.
> Él me lleva allí, no yo, solo Él.
> A cualquier precio, Señor, por cualquier camino.

> Una cosa sé. No puedo decirle que no.
> Una cosa hago, voy hacia mi Señor,
> Mi Dios, mi Gloria aquí día tras día.
> Y la gloria allí, *mi gran recompensa*.[4]

Me parece encantador; expresa mis más íntimos deseos hacia Dios.

Una cosa he demandado

Esto me lleva al tercer "una cosa". La encontramos en Salmos 27:4: "Una cosa he demandado a Jehová, ésta buscaré; que esté yo en la casa de Jehová todos los días de mi vida, para contemplar la hermosura de Jehová, y para inquirir en su templo".

Continúe esta oración con el mandamiento de Jesús de buscar primero su reino y su justicia, y con su promesa de que todas las demás cosas necesarias también nos serán dadas (Mt. 6:33). El anhelo de mi corazón es tener las prioridades correctas en todo momento para complacerlo en todo lo que hago. Mi prioridad es complacer primero y por encima de todo a mi amado Señor Jesús; buscarlo y amarlo por encima de todo lo demás. Y así lo dijo el salmista: *habitar* y *contemplar*.

Honestamente, ¿me tomo tiempo para habitar en el Señor? No como visitante, como alguien que está de visita, sino para vivir en su templo. Vivir en su presencia; no tener en mi vida nada que no sea la presencia del Señor. ¿Realmente le permitimos entrar tanto en nuestras vidas como para que de ahora en adelante todo lo que hagamos se haga en presencia de Jesús, con Él como nuestro compañero?

Recuerda a Marta y a María. Una estaba atareada y con prisas. Tenía demasiadas cosas que hacer. La otra hermana estaba sentada a los pies de Jesús, sin hacer otra cosa más que estar con Él. Y Jesús declaró que lo que María estaba haciendo era "bueno" (Lc. 10:42). (En realidad no dijo que fuera "mejor", como se lee en algunas traducciones). Lo que estaba haciendo estaba bien. "... Marta, Marta —le dijo el Señor— afanada y turbada estás con muchas cosas. Pero sólo una cosa es necesaria; y María ha escogido la buena parte, la cual no le será quitada" (vv. 41-42). ¿Elijo lo que es bueno? ¿Atesoramos esa primera hora de la mañana en su presencia, ese tiempo a solas con el Señor? Es muy importante para ser lo que Él quiere que seamos. Es la única manera de llegar a parecernos más a nuestro amado Señor Jesús. ¿Esa hora temprana se puede abandonar? Ya sé que para las madres con hijos pequeños puede resultar muy difícil tener ese tiempo de tranquilidad. Soy muy consciente de que posiblemente este tiempo no se pueda realizar a primera hora de la mañana. Pero todos podemos encontrar un momento para estar a solas con Dios. Él nos permitirá encontrar ese momento si nuestros corazones están dispuestos para ello. ¿Guardo este tiempo a pesar de todas las intromisiones?

¿Me encanta leer su Palabra y empaparme en ella más que cualquier periódico, revista o lo que sea? ¿De verdad la Palabra de Dios es preciosa para mí? Nos pareceremos más a Jesús leyendo la Palabra que leyendo cualquier diario de noticias.

¿Estoy lista para el festín que Él me prepara a diario? ¿Tengo hambre y sed de justicia, de santidad ante su santidad? ¿Soy más consciente de mis fracasos que hace un año? ¿Me avergüenzo de ellos? Si cada vez me parezco más a Jesús, así será. Diré con más rapidez: "Lo siento, Señor. No debería haber hecho o dicho eso" o "Debería haber hecho o dicho aquello". Seré más sensible a sus indicaciones para que me arrepienta. ¿Es hermoso a mis ojos y a mi corazón? ¿Quiero que su favor esté sobre mí? Me encanta el Salmo 90:17: "Que el favor del Señor nuestro Dios esté sobre nosotros..." (NVI). Esa es la belleza de su carácter. Piense en Gálatas 5:22-23: "...el fruto del Espíritu es amor, gozo, paz, paciencia, benignidad, bondad, fe, mansedumbre, templanza...". Esa es la belleza de Jesús. ¿Se puede ver en mí?

En privado, en nuestros hogares, eso puede ser mucho más difícil. Lo que cuenta es lo que los miembros de nuestra familia más cercana piensan de nosotros, no lo que piensan aquellos que nos ven cuando nos subimos a un estrado. Cuando estamos subidos en un estrado, todo el mundo piensa que somos maravillosos. Pero cuando estamos en casa con los que nos conocen bien, empieza la verdadera prueba. ¿Estoy, estás tú, revelando realmente la belleza del Señor Jesús?

> Que la belleza de Jesús se refleje en mí,
> Toda su maravillosa compasión y pureza.
> Oh, Espíritu divino, perfecciona mi naturaleza
> Hasta que la belleza de Jesús se refleje en mí.[5]

¿Deseo ver su belleza reflejada en mí? En ese magnífico

versículo, 2 Corintios 3:18, Pablo dice que somos como espejos que reflejan la belleza, la gloria, la hermosura de Jesús para que otros, al vernos, lo vean a Él. ¿Está sucediendo eso realmente? ¿Esa expresión me describe realmente a mí?

Los dos primeros versículos de 1 Juan 3 están entre mis favoritos: "Mirad cuál amor nos ha dado el Padre, para que seamos llamados hijos de Dios… Amados, ahora somos hijos de Dios, y aún no se ha manifestado lo que hemos de ser pero sabemos que cuando él se manifieste, seremos semejantes a él, porque le veremos tal como él es", el Amado. Eso es hermoso. Y es lo que dice el salmista en el Salmo 27:4: "…Que esté yo en la casa del Señor… para contemplar la hermosura del Señor" (NVI). Así que mis actos, mis motivaciones y mis reacciones ante los demás deberían reflejar la hermosura del Señor Jesús. Existe un himno que expresa esto mismo:

> Que *la mente de Cristo* mi Salvador
> Viva en mí día tras día,
> Que su amor y su poder controle
> Todo lo que hago y digo.
>
> Que *la Palabra de Dios* habite
> En mi corazón hora tras hora,
> Para que todos me vean vencer
> Sólo gracias a su poder.
>
> Que *la paz de Dios* mi Padre
> Dirija toda mi vida,
> Para que con mi calma pueda reconfortar
> A los enfermos y apenados.
>
> Que *el amor de Jesús* me llene
> Como las aguas llenan el mar;
> Él exaltado, yo humillado:
> ¡Esa es la victoria!
>
> Que corra la carrera que tengo ante mí,
> Fuerte y valiente para enfrentar la adversidad,
> Mirando solo a Jesús
> Para avanzar.

Que su hermosura esté en mí
Para que los perdidos puedan ganar.
Y puedan olvidar el canal,
Viéndolo solo a Él.[6]

Abran zanjas por todo este valle

Sin embargo, al mismo tiempo, mientras ansío esto, quiero llamar tu atención hacia otro asunto. Tenemos que reflejar su hermosura —que es verdadera y necesaria—, pero a su vez tenemos una responsabilidad específica. Hace no mucho tiempo cumplí los ochenta, y recibí un correo electrónico de un amigo que tiene unos diez años más que yo. Me dio la bienvenida al club de los octogenarios y escribió: "Solo quiero recordarte una cosa. Hay una sola regla en el club: está prohibido *jubilarse*. Nadie se jubila cuando hay tanto trabajo por hacer". ¡Qué gran verdad!

Cualquiera de ustedes que se esté acercando a la edad de la jubilación, o que recién se haya retirado o se encuentre en situación de jubilación anticipada, ¿se dan cuenta de que es la oportunidad de oro de su vida? Ya no tienes que ir a trabajar de 9 a 5 fuera cual fuera tu trabajo. Ahora eres libre para servir a Jesús a tiempo completo en lugar de a tiempo parcial. Tienes que servirle más, no menos. Tienes que estar más en su presencia, reflejarlo más, hablar más a otros de Jesús. Lo sorprendente es que el Dios Todopoderoso nos invita a trabajar para Él.

Tras volver de África y cuando resultó muy evidente que no iban a mandarme de regreso allí muy pronto, me asignaron un trabajo con la misión aquí en casa. Pedí al Señor un versículo que me guiara, que me diera confianza para realmente saber que aquella era su voluntad. En ese momento, estaba en la cama del hospital donde me habían operado. Cuando salía de la anestesia, le pregunté a la enfermera: "¿Podría abrir la Biblia por el lugar donde está el marcador?". Ella lo hizo y me la puso delante de los ojos. Miré la Biblia y vi que estaba abierta por 2 Reyes 3. Pensé: *¿Cómo puede guiarme Dios desde 2 Reyes 3?* Empecé a leer el capítulo mientras oraba: "Por favor, Señor, quiero un versículo que diga: 'Así dice el Señor'. Tiene que estar muy claro para que no se me pase por alto. Tiene que ser tan claro que cuando hable de ello con la misión, ellos se den cuenta de que hablo por tu voz". Cuando empecé a leer el capítulo, recordé que ya conocía la historia, se la había enseñado a mis estudiantes en África. Así que supe en cierta manera lo que venía, no obstante, no conocía el versículo de "Así dice el Señor". De repente lo vi aparecer. "Así dice el Señor". Pero no quería leerlo. Tenía miedo. Pensé: *No sé lo que me va a decir*. Puse mi mano sobre él. Cuando leí ese sorprendente versículo que Dios me decía a través de los reyes de Judá, Israel y Edom, pensé en el profeta Elías: "Así dice el Señor: 'Abran zanjas por todo este valle'" (v. 16, NVI).

Segunda de Reyes 3 es una historia sorprendente. Es a la vez emocionante y hermosa. Justo en el versículo siguiente, después de decir: "Abran zanjas por todo este valle", Dios dice en esencia: "No vas a ver la lluvia. No vas a escuchar el viento". Debe haber parecido muy extraño, incluso estúpido. Allí estaban, ellos un ejército en esa orilla árida que los separaba del reino de Moab, y Dios les decía a los soldados que no estaban entrenados para hacer zanjas y que ni siquiera tenían palas: "Abran zanjas por todo este valle". No obstante cuando seguimos leyendo la historia, vemos que hicieron exactamente lo que Dios les había dicho que hicieran. Eran un ejército disciplinado. Así que se pusieron de rodillas y cavaron... con las manos. Las zanjas probablemente eran de un metro de largo, treinta centímetros de profundidad y diez centímetros de ancho. A veces me los imagino cavando —puede que fueran varios cientos de soldados—, cada uno en su zanja, tirando para atrás la tierra y echándosela encima al hombre que estuviera detrás. Los dos se enfadarían. Y si a esto añadimos que Dios había dicho que no verían nada de lluvia, deben de haber pensado que ese trabajo no tenía sentido alguno. No obstante, llenaron el valle de zanjas, y después, durante la noche, Dios llenó esas zanjas con agua. Se despertaron por la mañana y vieron que había agua por todo el valle. Había agua suficiente para todos los animales y para ellos mismos. Mientras tanto, el ejército moabita en lo alto de la colina miraba al ejército israelita cuando empezaba a amanecer. El sol se reflejó en el agua, y los moabitas vieron lo que pensaban que era sangre. Y dijeron: "Los reyes se han vuelto uno contra otro, y cada uno ha dado muerte a su compañero. Ahora, pues, ¡Moab, al botín!". Y fueron vencidos, totalmente devastados. Dios proporcionó una gran victoria a su pueblo.

Lo que Dios me dijo cuando leí este capítulo fue: "Abre zanjas por todo este valle". La palabra *este* implica presente. Es donde tú te encuentras ahora. No es el valle de cualquier otro día de su vida o el de otra persona. "Abran zanjas por todo *este* valle". Tal vez sientas que hay un valle a tu alrededor —puede ser un nuevo comienzo, puede ser un cambio de trabajo, puede ser una pena, un dolor, puede ser cualquier tipo de cosa—, pero *este* refiere al valle donde estás justo en este momento. Es el valle personal de cada individuo.

Además la palabra *abran* es activa. "Abran zanjas por todo este valle". Tenemos que hacer algo y tenemos que hacerlo de forma activa. Puede que sea un trabajo duro. Puede que las manos se nos llenen de ampollas. Puede que pasemos sed, y que nadie agradezca nuestro trabajo. "Abran zanjas por todo este valle".

He estado trabajando ese versículo desde entonces. "Abran zanjas por todo este valle". Me he llegado a dar cuenta de que Dios en realidad no nos necesita ni a ti ni a mí. Él es soberano. Es todopoderoso. No nos necesita para llegar hasta los demás. Pero elige, con su gran misericordia, utilizarnos. Elige utilizarnos a ti y a mí. Quiere que seamos *palas* en sus manos. Quiere que estemos dispuestos a cavar zanjas, utilizándonos como sus palas en cualquier parte donde nos sitúe. Esto es sorprendente. Muy sorprendente.

Pertenezco a una organización juvenil en Reino Unido, The Girl Crusaders' Union (Unión de las paladinas), la cual cumplió noventa años el año pasado. Me pidieron que hablara en cuatro reuniones en Inglaterra, Escocia, Gales e Irlanda y también una en Londres. El tema del que iba a hablar era "Dios decide necesitar palas". Tenemos que darnos cuenta de este maravilloso hecho: Él sabe *qué* quiere que se haga, *dónde* quiere que se haga y *cuándo* quiere que se haga.

¿Estamos disponibles? No debemos enojarnos si Él un día decide no utilizarnos y toma el rastrillo y la horca, y nos deja en el cobertizo para las herramientas. Está bien. Él sabe el momento exacto en el que quiere que hagamos algo y el hueco que tiene para nosotros. Quiere utilizarnos a todos hasta el final.

Este tiene que ser el futuro para nosotros: estar implicados al cien por ciento en servir a este maravilloso y encantador Señor como *sus embajadores*, llevar este evangelio a los que nos encontremos estemos donde estemos. Es todo un privilegio; un privilegio asombroso. Es un privilegio increíble que Dios realmente quiera utilizarnos a ti y a mí para esta tarea de llevar a los demás el evangelio.

Todo lo que tengo que preguntar es: *¿ya está lleno mi valle?* Si llegara a un punto en el que dijera: "Amado Señor, llevo haciendo zanjas mucho tiempo. Estoy terriblemente cansado. ¿No me podrías dar un versículo nuevo?". Puede que Él me diga: "Tu valle no esta lleno todavía". Si es así, seguiré cavando zanjas. Posiblemente lo que te mande hacer te parezca poca cosa. Quizá seas un ama de casa (limpiar la casa, cocinar, cuidar de los niños, etc.). Puede que seas quien lleva el dinero a casa tras aguantar los embotellamientos cada mañana al ir al trabajo, pero eres un representante de Jesús dondequiera que vayas: en el tráfico o en el trabajo. Estudiantes de universidad serán los representantes de Jesús, sus defensores, incluso cuando no sea políticamente correcto.

Por lo tanto, tengamos una visión puesta en lo más alto, buscando conocer mejor a Cristo, deseando trabajar duro en los valles, incluso cuando nuestras manos estén cubiertas de ampollas, fortalecidos por el poder de su resurrección todopoderosa. Estar disponibles para que Él nos envíe a cavar zanjas donde quiera, recordándonos todo el tiempo que es un privilegio hablar a los demás de Jesús en este mundo enfermo de pecado, nos permitirá tomar toda la armadura de Dios, para que podamos resistir en el día malo y, habiendo acabado todo, estemos firmes (Ef. 6:13). No abandones. No desesperes. No te desanimes. Sigue hasta el final, mirando a Jesús.

Termino donde empecé, en Hebreos 12:1-2 (NVI).

> ... corramos con perseverancia la carrera que tenemos [cada uno de nosotros] por delante. Fijemos la mirada en Jesús...

Y no dejes de correr hasta que llegues a la meta. Amén.

Una entrevista con Randy Alcorn, Jerry Bridges, John Piper y Helen Roseveare

Justin Taylor

Justin Taylor: Jerry, usted ha hablado y escrito mucho sobre que el evangelio es para la vida diaria de los creyentes.[1] No es solo para no creyentes; es para la vida cristiana de todos nosotros. Sin embargo, en su charla comentó que no siempre creyó que esto fuera así. Hubo un tiempo en el que pensaba que era solo para no creyentes, algo para iniciar la vida cristiana. ¿Cómo descubrió eso y cuándo se produjo ese clic en su cabeza que lo llevó a pensar que el evangelio es también para los creyentes?

Jerry Bridges: Realmente fue a principios de la década de 1960 cuando empecé a servir con Los Navegantes en Holanda y pasaba por algunos problemas reales. Satanás estaba a menudo sobre mí, y en plena desesperación empecé a predicarme a mí mismo el evangelio utilizando pasajes como Isaías 53:6: "Todos nosotros nos descarriamos como ovejas, cada cual se apartó por su camino; mas Jehová cargó en él el pecado de todos nosotros". También canté algunos de los viejos himnos del evangelio: "Tal como soy, sin más decir que a otro yo no puedo ir, y Tú me invitas a venir; Bendito Cristo, heme aquí".[2] Eso es lo que estaba haciendo, pero desafortunadamente no unía la línea de puntos. Quiero decir, pensaba que era solo yo. Varios años después me di cuenta de que lo que realmente había pasado en mi vida era un cambio significativo de paradigma, pasé de pensar que el evangelio era para no creyentes a darme cuenta de que era para mí. Y después empecé a hablarles a los demás y enseñarles sobre este tema.

Justin Taylor: ¿Cuándo descubrió a los puritanos? ¿Podría decirnos algo sobre lo que sus escritos significaron en su vida? Estoy seguro de que muchos no han leído los escritos de los puritanos. ¿Recomendaría que se empezara a leerlos?

Jerry Bridges: Bueno, también descubrí a los puritanos en los años sesenta. Había una señora mayor en San Diego, California, que era una observadora simpatizante del ministerio Los Navegantes donde yo estaba en los años cincuenta. Ella empezó a enviarme libros de los puritanos para que los leyera. El primero que me envió fue *Sin and Temptation* [Pecado y tentación] de John Owen. Fue de gran ayuda para mí. Y después me envió la obra enorme de Stephen Charnock, *The Existence and Attributes of God* [Existencia y atributos de Dios]. Como estaba interesado en el tema de la santidad, busqué en el índice y consulté rápidamente el capítulo sobre la santidad de Dios, de cien páginas. ¡Cuando tratan un tema, no queda nada por decir! Empecé a leer el capítulo sobre la santidad de Dios, y no había leído más de media docena de páginas cuando me encontré arrodillado ante Dios, conmovido por su santidad. Me levanté y seguí leyendo, y unas páginas más adelante volví a arrodillarme. Así fue como empecé con ellos.

Justin Taylor: ¿Cuál de ellos recomendaría? Si alguien quisiera empezar, ¿les recomendaría a Charnock o a Owen?

Jerry Bridges: Bueno, una de las bellezas de Owen es que mucha de su obra se ha puesto en idioma contemporáneo. Usted mismo, Justin, ha hecho algo para llevar *Sin and Temptation* en su idioma original a los lectores modernos, pero en un formato que lo hace más fácil de leer.[3] Creo que también ha terminado la obra de Owen *Communion with God* [Comunión con Dios].[4] Recomiendo encarecidamente esos libros. En cuanto a Charnock, pueden acudir a la editorial Banner of Truth; cualquier libro puritano que haya sido publicado (en inglés) está allí. Es bueno.

Justin Taylor: Randy, continuando con el tema de los libros, sé que cuando viaja lleva libros con usted y los regala. El Señor ha utilizado este pequeño paso de fe de formas realmente poderosas. Me pregunto si podría contarnos una o dos historias sobre eso.

Randy Alcorn: Llevó muchos años convencido de las citas divinas y a menudo, antes de viajar, le pido al Señor: *En el avión, ponme al lado a aquel con quien quieras que me siente*. Conozco personas en los aeropuertos. Conozco taxistas. Si quieren conocer personas de todo el mundo, conozcan taxistas. He tenido la oportunidad de hablar del evangelio y regalar libros. Suelo llevar algunos de mis libros más pequeños, normalmente algo evangelizador, pero también otro tipo de cosas.

Justo la semana pasada estaba en Charlotte, donde había una mujer con la que hablé sobre diferentes temas. En realidad, cuando volaba hacia aquí, Minneapolis, había una mujer en el aeropuerto que me hizo una pregunta. Era una mujer mayor que estaba algo nerviosa porque su equipaje no había llegado. Le dije a mi esposa Nanci: "¿Sabes? Siento que debería ir donde está esa mujer y darle un libro". Así que tomé mi libro *50 Días del Cielo*[5] y me acerqué. Mientras caminaba hacia ella, ella iba justo en la dirección contraria y se cayó. Yo, y varias personas más, nos acercamos y pudimos ayudarla a levantarse. La pusieron en una silla de ruedas, y empecé a hablar con ella, para asegurarme de que se encontraba bien. Sabía que yo era el hombre con el que había estado hablando sobre su equipaje anteriormente. Así que la miré y le dije:

—¿Sabe? La razón por la que regresé es porque soy un escritor. Solo quería darle uno de mis libros —le dije—. ¿Se lo pongo aquí en su bolso con su equipaje?

Su esposo estaba allí con ella, y ella dijo:
—Oh no, lo quiero ahora.

Y se sentó allí y empezó a leerlo, y después se fue en la silla de ruedas. Pensé: *Aquí va una mujer que, por un lado, puede leer porque no está caminando ahora, va en silla de ruedas por el aeropuerto. Y por el otro, acaba de tener una experiencia que la ha asustado y le ha hecho recordar que es mortal*. Veo que Dios hace cosas como esta una y otra vez.

Una vez estaba caminando por el aeropuerto de Chicago, y había una chica sentada. Estaba leyendo la Biblia, y yo solo tenía un libro en mi maletín. Siempre oro: "Señor, ayúdame a tener el libro correcto para la persona adecuada". Resulta que el libro que tenía era *A salvo en casa*[6], que no suelo llevar conmigo porque es un libro grande. Suelo llevar los pequeños. Pero sentí que el Señor quería que yo le diera este libro a esa chica. Así que me acerqué y dije:

—Hola. No me conoce. He escrito este libro *A salvo en casa*. Tómelo.

Se lo di. Llegaba un poco tarde para tomar la conexión de mi vuelo. Ella me dijo:

—Bueno, gracias.

Y eso fue todo… hasta que cinco o seis años más tarde (hace más o menos un año), recibí un correo electrónico de esa chica. El correo venía de la China y decía: "Probablemente no me recuerde, pero estaba en el aeropuerto de Chicago, el O'Hare. Usted me vio leyendo la Biblia y me dio una copia de su libro *A salvo en casa*".

Inmediatamente me acordé de ella. Seguía diciendo: "Solo quería que supiera que leí ese libro, y Dios me condujo a un nivel más profundo de compromiso con Cristo. Me llamó a estudiar chino mandarín, y he venido como misionera a la China gracias a haber leído ese libro suyo".

Cuando escucho esas historias digo: "Señor, qué misericordioso de tu parte y qué fácil para mí. Todo lo que hice fue regalar un libro".

Les contaré una última historia. Estábamos en un avión de camino a casa desde algún lugar. (Este tipo de cosas no solo ocurren en los aviones, pero son las que me vienen ahora a la mente). Había un tipo que iba de camino a Oregón, dijo que era persa, o descendiente de persas. No era creyente. Estuvimos hablando de diversos temas, yo estaba disfrutando de la conversación. En ese momento, el libro que tenía era *Deadline* [Fecha límite],[7] otra novela que no suelo llevar conmigo. Tuvimos una buena conversación sobre el Señor, pero no le hice una introducción completa del evangelio ni nada similar. Dije: "Mire, aquí tengo una novela que he escrito. Tiene una cierta dimensión espiritual. Es una novela de misterio sobre un asesinato y todo eso. Puede que le guste". Y ya no supe más de él. Oré por él durante unas cuantas semanas, pero, como ya se sabe, las personas van cayendo de la lista de oraciones. Se pierde el contacto con ellos, y ahí queda todo. Bueno, estaba hablando hace un par de años en mi iglesia en Oregón, cuando apareció una chica y me dijo:

—¿Es usted Randy?

Yo dije que sí. Ella dijo:

—Bueno, le voy a contar una historia. Sé que no sabe nada porque este hombre me dijo que nunca se lo había contado ni se había puesto en contacto con usted. Pero ¿recuerda a un joven, un persa, al que usted dio una novela?
—Claro —dije—. Sí, lo recuerdo.
Y ella dijo:
—Bueno, llegó a la Universidad de Oregón. Al parecer llegó una noche antes de tiempo. Fue a su habitación. No había nadie allí. No había nadie en toda la residencia. Estaba completamente solo, totalmente aburrido. Así que se puso a leer el libro y se quedó leyendo toda la noche. En mitad de la noche, cuando un personaje de su libro, Jake Woods, está leyendo *Mero cristianismo* y se arrodilla, confiesa sus pecados, y ofrece su vida a Cristo, este joven hizo lo mismo: se arrodilló, confesó sus pecados y entregó su vida a Cristo.

Mientras escuchaba su relato, me decía para mí mismo: *¡Vaya!* Pero luego ella añadió:
—Y quiero que sepa que ese joven es el hombre más piadoso que conozco.

En otras palabras, no se trató de una simple conversión. Resultó que el fruto del Espíritu había nacido en su vida. No he vuelto a ver a ese joven. Puede que no lo vuelva a ver hasta que lleguemos al cielo.

Dios es muy misericordioso con estas cosas. Creo que no vamos a oír la mayoría de estas historias hasta que no estemos en el cielo con Él. ¡Y qué grande será eso!

Justin Taylor: Doctora Roseveare, ¿hay alguna biografía misionera que le haya impactado especialmente o alguna en particular que recomendaría a las personas?

Helen Roseveare: Isabel Kuhn. Ya no me acuerdo del título, pero era maravillosa. Cualquiera de sus libros. Soy de una generación algo más antigua que la mayoría de ustedes, así que menciono a Hudson Taylor (si es posible el doble volumen original de Hudson Taylor). También Amy Carmichael, y cualquier cosa que venga de Dohnavur.

Justin Taylor: Déjeme que le pregunte por lo de ser soltera; mujer y soltera. Sé que hay muchas mujeres que tienen problemas con su soltería. ¿Podría dar algún consejo a los solteros sobre cómo permanecer fiel a lo largo de este camino, y cómo se relacionan ambas cosas?

Helen Roseveare: A aquellos que estén solteros y prefieran que les diga otra cosa sobre el tema, no les va a gustar lo que voy a decir: *Es un privilegio*. Dios ha sido muy bueno conmigo. Por supuesto, ha habido una o un par de ocasiones en las que hubiera sido más agradable tener un esposo. No es que quisiera realmente un esposo; quería un hombre por la casa que me ayudase a arreglar la pata de una silla cuando se rompía. Pero si he de ser sincera, el Señor Jesús ha sido todo lo que necesito. Y es un privilegio, porque como soltera en un campo de misiones, fui capaz de hacer cosas que no habría podido hacer si hubiera estado casada, si hubiera tenido una familia y las responsabilidades de un hogar. Era libre. Podía entrar en cualquier hogar de África. No tenía que mirar primero o pensar: *¿Habrá algún paciente leproso que pueda infectar a mi familia?* Simplemente entraba. No tenía que estar pendiente del reloj para ver si llegaba a casa a tiempo para hacer la cena a los niños. Era libre, y Dios me dio una gran bendición con ello. Me dio muchas hermanas africanas que han estado tan cerca de mí como cualquier hermana de sangre que hubiera podido tener. Hemos sido amigas hasta un nivel al que sé que no habríamos podido llegar en la misma medida si hubiera estado casada. Ha sido todo un privilegio.

Lo que hay que hacer es mantener los ojos fijos en Jesús. Y no permitir nunca a nadie que les sugiera, les diga o les haga pensar que Dios les ofrece casi lo mejor. Dios no conoce la frase: "Casi lo mejor". Él ha prometido darnos lo mejor de sí mismo.

Justin Taylor: En la conferencia, hemos hablado hasta ahora de nuestras propias muertes y de perseverar hasta el final. Pero sé que la muerte de quienes amamos es uno de los principales retos para nuestra fe. Pienso en aquellos que dicen: "Si perdiese un hijo, si perdiese a mi cónyuge, si mi madre muriera, no sé cómo podría seguir adelante". ¿Qué se le aconseja al que sufre, en esas situaciones? John y Jerry, sé que ustedes han pasado por la situación de perder seres muy queridos. ¿Cómo lo han superado y han conseguido mantenerse fieles? ¿Y cómo aconsejarían a quien está pasando por este sufrimiento que pone a prueba su fidelidad?

Jerry Bridges: Soy más maestro que pastor. De hecho, no soy para nada pastor. Nunca lo he sido, así que no me encuentro con esas situaciones demasiado a menudo. Pero vuelvo a lo que dije en mi charla. Tenemos que aferrarnos a las promesas de que Dios no nos desamparará ni nos dejará (He. 13:5) y que nada podrá separarnos de su amor (Ro. 8:35-39). Eso junto con 2 Corintios 12:9: "...Bástate mi gracia; porque mi poder se perfecciona en la debilidad...". Este año realmente estoy pasando por esto con un amigo cuya esposa murió el 1 de enero, y esos son los pasajes de los que le hablo, además de la realidad de que Dios todo lo hace bien.

John Piper: No estoy seguro de si se trata de una o dos preguntas, así que déjame contestar dos. ¿Cómo aconsejar a quien dice: "No sé que haría si mi hijo muriera"? Esa es una persona. Y la otra es aquella que ya ha perdido a su hijo. En el primer caso, se tiene algún tiempo antes de que sucedan las cosas, y lo que uno quiere hacer como pastor es lograr que se forme en las vidas de esas personas una visión de Dios, de su soberanía y su bondad, que les ayude a estar preparados. Considero esta una de mis principales responsabilidades en Bethlehem: predicar, enseñar, vivir para preparar a las personas para el sufrimiento. Y el sufrimiento, el de la peor clase, es perder algo muy querido, ya sea nuestra propia salud o la vida de alguien. Creo que si alguien dice algo así, es una señal para los que tienen algún tipo de influencia en su vida. Puede que se trate de algo dicho sin meditar, pero normalmente suele ser una señal de que bíblicamente no tienen todas las piezas en su alma para decir: "Sé lo que haría. Me entregaría a Dios. Eso es lo que haría, y Él sería suficiente". Eso es lo que dirían. Eso es lo que yo haría.

Si ya ha sucedido, entonces surge la cuestión de dónde están teológica y espiritualmente. ¿Están enojados con Dios? ¿Están desesperados? ¿Se mantienen firmes? Intenten discernir esto para que sus comentarios lleguen en el momento adecuado y sean de la naturaleza correcta. Pero principalmente, abracen a esas personas hasta que pase el tiempo suficiente. No quiero decir "hasta que se curen" o se "estabilicen", pero es sorprendente lo que hace el paso del tiempo respecto al horror de un momento así. El tiempo. Una hora supone una diferencia. Un día supone una diferencia, y un mes, y diez años.

Hablé con un hombre que sabía que habíamos celebrado el miércoles pasado el funeral de mi nieta que murió al nacer. Y dijo: "Mañana es el cumpleaños de nuestro hijo que nació muerto". Piensen en esto. Durante veinte años, no han conocido a este hijo y sin embargo siguen marcando ese día, porque la pena puede durar todo este tiempo. Y no obstante, como él resaltó, es una experiencia totalmente diferente la de hoy y la de entonces. El tiempo tiene un impresionante efecto en esto.

Lo que tenemos que hacer es sostener al que sufre, mientras pasa el tiempo. Sosténgalo. Puede que lo único que quiera hacer es saltar delante de un vehículo o arrojarse desde una colina, pero lo que ustedes debe hacer es sujetarlo para impedir que esto suceda. Díganle: "Te tengo. Estoy aquí para ti. Soy tu fuerza ahora mismo en nombre de Jesús". Sosténganlo el tiempo suficiente, y no hará falta que digan nada. Después traten de averiguar lo que necesita que ustedes le digan. Como pastor, no tengo discursos preparados. Ninguno. No tengo un fichero de charlas: "Charla para la muerte de un niño"; "Charla para la muerte de una esposa". No tengo ningún archivo de ese tipo.

Cuando un hombre de la iglesia perdió a su esposa, con quien había estado casado unos treinta y seis años, pasadas unas cinco semanas, pensé: *Quizá hoy necesite unas palabras.* Y escribí una carta bastante larga, unos tres cuartos de página. Me llamó, y salimos a comer. Derramó su corazón sobre lo significativa que era esa carta para él. Ya se sabe, la mayor parte del consuelo se acaba a las dos, tres o cuatro semanas, y después hay que seguir viviendo, y la vida parece totalmente diferente. Nadie sabe muy bien qué decirle a uno, así que cualquiera que se detenga para intentar decirle a uno algo tratando de ser comprensivo cinco semanas más tarde es realmente significativo.

Justin Taylor: Doctora Roseveare, muchos piensan en las misiones y se sienten llamados a ellas, pero temen la idea del sufrimiento. Pueden leer las biografías que usted ha mencionado o leer sus obras, y tener un temor genuino al sufrimiento. Saben que están llevando una vida cristiana aquí en América, haciéndolo bien y manteniéndose fieles, pero pueden preguntarse: *Si voy al extranjero y paso por muchos sufrimientos, no sé cómo reaccionaré, y eso me da miedo.* ¿Qué le diría a alguien que está dudando entre quedarse aquí e irse a otro país?

Helen Roseveare: Sé que la noche en la que conocí al Señor Jesús como mi Salvador, a las siete de la tarde, estaba en una fiesta de Navidad para jóvenes de la facultad. Bajé a la reunión de la tarde, y alguien dijo: "¿Qué te ha pasado?". Supongo que estaba muy conmovida ante la maravilla de que Dios me amara tanto como para enviar a Jesús a morir por mí. Me dieron una Biblia, y fue la primera Biblia que tuve. El hombre que había estado dando estudios bíblicos en la fiesta, el doctor Graham Scroggie, escribió en la primera página de mi Biblia: *Filipenses 3:10*. Aquellos de ustedes a los que haya firmado libros hoy y encuentren *Filipenses 3:10* escrito en ellos, sepan que es porque ese fue el versículo que me fue dado a mí. Primero él me citó el versículo: "A fin de conocerle, y el poder de su resurrección, y la participación de sus padecimientos, llegando a ser semejante a él en su muerte". Y después dijo: "Esta noche empezaste este versículo 'a fin de conocer a Cristo'. Oro para que en los años que tienes por delante conozcas cada vez más el poder de su resurrección". Era un hombre recto, honrado. Después muy tranquilo, mirándome fijamente, dijo: "Puede que un día Dios te dé el privilegio de saber algo de la comunión de su sufrimiento". Hacía media hora que era cristiana, y ya me decía que era un privilegio sufrir por Jesús.

Desde entonces, creo que la palabra *privilegio* ha permanecido conmigo probablemente más que ninguna otra palabra en mi vida cristiana. Es un *privilegio*. Es un privilegio que me haya salvado. Es un privilegio que me permita hablarles a los demás de Él. Todo ha sido un privilegio, y desde la misma noche en que reconocí a Jesús como mi Salvador, se me ha dicho que es un privilegio estar en comunión con sus sufrimientos. Temo que en el ambiente actual —en el que todos tenemos el privilegio de hablar a otros, de animar a otros a aceptar a Jesús como su Salvador— no subrayemos inmediatamente que la vida cristiana trae consigo sufrimiento. En nuestro país, no sabemos realmente lo que significa ser perseguidos, pero en los países musulmanes, esperamos que los nuevos cristianos acepten el sufrimiento —y pensamos que es maravilloso de su parte—. No pensamos en ello para nosotros mismos, pero todos deberíamos saber que si amamos al Señor Jesús, debemos tomar nuestra cruz y seguirlo. Y ¿adónde iba Él? Iba al Calvario. Y nosotros lo seguimos allí.

Vivir dejando que muera nuestro egoísmo —morir a nuestra ambición y a nuestros derechos para ser lo que queramos ser y estar donde deseemos estar; entregarle esto a Jesús y dejar que Él viva su vida en nosotros bajo cualquier circunstancia— implicará sufrimiento. Creo que el Salvador sufre hoy día por los millones de personas no creyentes, por todos aquellos que nunca han escuchado ni siquiera su nombre. Y nos invita. Es un gran privilegio. Es un gran privilegio ser invitados a compartir con Él sus sufrimientos.

No tengo ninguna panacea que ofrecerles. De ninguna manera puedo decir que no habrá sufrimiento. Sufrirán. Habrá sufrimiento si se es realmente cristiano. Jesús vive en los cristianos y Él sufre.

Justin Taylor: Randy, ¿qué estrategias especiales utiliza en su propia vida, o cuáles ha utilizado o animado a otros a utilizar, para cultivar el valor? Para los que temen, que quieren evitar el sufrimiento o están encantados con su comodidad, ¿qué cosas prácticas pueden hacer para ser más valientes?

Randy Alcorn: Creo que es importante cuando Dios pone algo en nuestro corazón. Esto tiene un poco de relación con lo que ya he dicho anteriormente sobre los instrumentos o los miembros del cuerpo. Por ejemplo, estamos en en una situación determinada. Muchos estamos en este tipo de situaciones donde hay personas alrededor —la parada del autobús, en un restaurante o cuando nos encontramos con alguien en algún sitio— y sentimos esta inclinación del Señor: *Debería decir algo sobre Jesús. Debería expresar mi fe o al menos hacer que surgiese el tema de alguna manera.* Lo que les digo a las personas y lo que he experimentado en mi propia vida es que uno siente la necesidad de abrir la boca y empezar a hablar. La gran batalla es la que surge antes de ello, no la que viene después. Porque una vez que uno se ha comprometido a hablar de Jesús, se habla de Jesús. Pero ¿qué nos impide hacerlo? *Oh Dios ayúdame, oh, ya sabes que... ¿podría simplemente...?* Pero una vez que se empieza, se llega a alguna parte. Con valor, a menudo lo único que se necesita es dar el primer paso.

Mi esposa es muy valiente. Es muy valiente porque no le gusta volar, y muchos a los que no les gusta volar simplemente no lo hacen. Pero ella sí lo hace. Yo no necesito valor para volar en un avión porque no me da miedo hacerlo. Lo que exige valentía es temer hacer algo, pero hacerlo de todos modos. Y eso es exactamente lo que creo que nos falta muy a menudo en la vida cristiana. Nos preguntamos: "¿Debería hablar?". Les digo a los jóvenes que estudian en la universidad que no es sano para ellos estar en clase y escuchar a los profesores día tras día difamar el nombre de Cristo sin decir nada. Deberían hablar y confesar que creen en Cristo ante los demás. Si lo hacen, madurará y se sentirán recompensados. Escucharán a otros alumnos de la clase decir: "Sí, yo también siento así". Ellos empezarán a hablar también.

Dios recompensa el valor, pero ese es el primer paso. Dígale a Dios: "Voy a hacerlo, y voy a confiar en que tú me ayudarás. No voy a esperar hasta que abras milagrosamente mi boca. Tengo que hacerlo yo y seguir hacia delante".

Justin Taylor: Jerry, usted se ha pasado décadas trabajando con estudiantes universitarios. Seguramente habrá visto muchos cambios a lo largo de estos años. ¿Qué es lo que lo anima más y qué es lo que más le preocupa de la generación actual?

Jerry Bridges: Lo que más me anima es que creo que, por una parte, hay un hambre genuina, especialmente entre los jóvenes que han conocido a Cristo. Quieren madurar y quieren involucrarse. En nuestra organización, Los Navegantes, tenemos cientos de estudiantes todos los veranos que hacen viajes misioneros de corta duración y cosas por el estilo.

Sin embargo, por otro lado, creo que lo más preocupante es que los estudiantes, tanto los de la iglesia como los de afuera, no tienen ninguna noción sobre el pecado. Ellos siguen las tendencias del mundo, y mientras no se trate de algo realmente flagrante o que se salga de lo normal, por así decirlo, de la cultura en la que se está viviendo, no pasa nada. No existe la vergüenza respecto a la inmoralidad y a cosas similares, y eso es muy desalentador. Me pidieron que hablara a un grupo de estudiantes de un estado en particular, y el ministro del campus me dijo en privado: "Estoy realmente preocupado por la inmoralidad que ha empezado a instalarse en nuestro grupo". Y eso por supuesto es una tremenda preocupación hoy día. Es obvio que en nuestra cultura lo que la Biblia llama inmoralidad se considera como algo totalmente normal. No se siente vergüenza ante ello. Y los estudiantes están siguiendo esta línea.

Justin Taylor: ¿Nos podría hablar un poco sobre su libro *Pecados respetables*[8] y qué lo motivó a escribirlo?

Jerry Bridges: Los pecados respetables son aquellos que los cristianos toleran en sus vidas —orgullo, crítica, juzgar, egoísmo, cotilleo, impaciencia, ira, no perdonar—, este tipo de cosas. La razón por la que escribí ese libro es porque cuando observo al conjunto de nuestra comunidad cristiana me parece que hemos empezado a definir el pecado en términos de flagrante delito que se comete dentro de nuestra sociedad. No vemos nuestros propios pecados. Esto no merma en absoluto la seriedad de esos delitos evidentes. Podemos sentirnos muy molestos, por ejemplo, porque una denominación importante ordena obispo a un homosexual practicante, pero no nos molesta nuestro propio cotilleo, orgullo o espíritu crítico. Esto es lo que me motivó a escribir el libro.

Justin Taylor: John, esta última pregunta es para usted. Sé que en una audiencia de este tamaño habrá quienes hayan acudido aquí en un acto de desesperación, listos para arrojar la toalla en su matrimonio o en el ministerio en el que estén implicados, o incluso tirar la toalla respecto al mismo Cristo. Si pudiera hablar con esa o esas personas, ¿cómo les aconsejaría?

John Piper: Bueno, no es la voluntad de Dios que arrojemos la toalla en nuestro matrimonio. Podría ser su voluntad que sea el momento de un cambio en el ministerio, pero si se piensa en el hecho de arrojar la toalla en general, probablemente no sea el momento. Así que esto lo primero que yo diría: *No lo hagan todavía*.

Después creo que les diría que pidieran a Dios que les diera gracia para perseverar en contra de toda expectativa humana, aunque pueda parecer que su matrimonio y ministerio no tienen solución. Orar: "Ayúdame a perseverar. Ayúdame. Haz el milagro. No sé cómo lo harás. No sé cómo será, pero haz el milagro". He visto en relaciones con hijos, esposos e iglesias que se puede llegar a un punto en el que todo el marco emocional de la relación parece no tener solución racional aparente. En ese momento, Satanás dice: *Así es exactamente. No hay solución*. Pero ustedes tienen que ver a Dios diciendo que Él "...llama las cosas que no son, como si fuesen" (Ro. 4:17). En algunas situaciones, no existe la solución humana. Jesús dijo: "Para los hombres es imposible..." (Mr. 10:27). Así que, si observo a una pareja de mi oficina decir que es imposible, yo les digo: "Tienen razón". Pero empecemos por aquí: creemos en el Dios vivo, creemos en la realidad sobrenatural. Dios hizo el universo de la nada y puede traer la esperanza a un matrimonio, de la nada. No creemos que eso sea racional o emocionalmente posible en ese momento. Pero como Dios es Dios, les estoy diciendo simplemente que le pidan que lo haga.

Después que revisen su Palabra y que busquen pruebas de su paciencia, su misericordia, versículos de ese tipo. Ahí es donde yo iría. Porque Dios es Dios, Él puede crear un futuro donde no existe ninguno. De la nada, crea algo. Nada de lo que puedan decirme —ni dieciocho prostitutas en la vida de su esposo, o una serie de adulterios, o que "haya resultado ser homosexual"—, nada que me puedan contar me hará decir que esto es imposible. Nunca diré eso sobre una relación que trata de mantener un pacto, porque nosotros hemos sido llamados para servir de modelos de Cristo y de la Iglesia. Cristo nunca se divorciaría de su Iglesia. Ella puede abandonarlo, pero Él nunca se divorciará de ella. Tiene el poder para hacerla regresar. Nosotros no tenemos ese poder, pero Dios tiene el poder para traer la solución de la nada en ambas situaciones: en las situaciones de la Iglesia y en las del matrimonio.

Conozco un caso ahora mismo, muy cercano a esta conferencia, de un adolescente que cree ser homosexual y quiere morirse. Es todo lo que quiere. No quiere nada más. Sus padres están totalmente desesperados. No saben si algún día lo encontrarán muerto. Hablé a estos padres directamente al corazón: *Existe la esperanza. Este chico puede ser homosexual o no. Puede que se sienta inclinado a que le gustan los hombres. Muy bien. Pues, yo me siento inclinado a pelearme mucho con mi esposa. Esta batalla tiene futuro. Es necesario que tenga esperanza. Puede tener esperanza. Dios puede sacar algo de la nada.* Algunas situaciones parecen no tener esperanza alguna, y nos sentimos totalmente impotentes. Pero si los cristianos seguimos a esa corriente adversa, ya podemos ir haciendo las maletas. Abandonamos. Si Dios no puede ejercer sobre este mundo una realidad sobrenatural que solucione estas situaciones, ¿qué podemos ofrecer nosotros? No somos más que un puñado de masajistas psicológicos de las necesidades de las personas, que podemos hacer que sus vidas sean relativamente mejor hasta cierto punto; pero en lo que se refiere a la realidad eterna, Dios es quien tiene el poder e irrumpe en la escena..

Finalmente, busquen a alguien. Vayan a la sala de oración. Hablen todo lo que puedan sobre su situación. Elijan a dos o tres personas, y unidos, pidan a Dios un milagro.

Justin Taylor: ¿Podría terminar con una oración, por favor?

John Piper: Padre, ahora mismo este tipo de situaciones abundan, y quiero poner mi mano sobre el hombro de cualquiera que se sienta desesperanzado. Y te pido que vengas a nosotros con un avivamiento, con la semilla de la mostaza de la esperanza. *Muy* *bien. Dios es Dios. Yo no veo la solución a esto. Abre una puerta en el cielo. Despliega un banquete en el desierto. Que las codornices aparezcan de la nada. Que las aguas del mar se dividan. Que el sol detenga su curso. Que estos cinco panes alimenten a cinco mil.* Señor, haz una obra maravillosa. No queremos hablar solo de perseverancia. Queremos ver tu mano poderosa ayudando a fortalecer la esperanza de los que viven momentos de crisis. Te pedimos esto en el nombre de Jesús. Amén.

Una entrevista con John Piper y John MacArthur

Justin Taylor

Justin Taylor: Doctor MacArthur y doctor Piper, ¿recuerdan cuándo se conocieron o cuándo fueron conscientes por primera vez del ministerio del otro?

John Piper: Yo creo que sí me acuerdo. Él no. Fue hace muchos años. Allí estaba él hablando a gritos, y a mí no me gustó nada. Era demasiado estridente para mí. Vino a hablar a Bethel College a finales de los setenta, y desayunamos juntos con John Sailhammer. Esa fue la primera vez que nos vimos. Como yo lo veía más como un conferencista que como un evangelista, le hice la siguiente pregunta: "Si tuviera que empezar de nuevo, ¿qué haría para que en su iglesia local se produjera la verdadera evangelización?". Creo que su respuesta fue: "El primer miembro del equipo al que contrataría sería a un evangelista". Ese es el recuerdo que tengo de nuestro primer encuentro en un restaurante en algún lugar de New Brighton, Minnesota.

John MacArthur: Tiene razón, no me acuerdo de eso. Odio tener que decirlo. Pero hubo un momento culminante en mi vida, y él formó parte de él. Cuando escribí *El evangelio según Jesucristo*, estaba muy inquieto por esa teología del "no señorío" que surgía de la herencia que, en cierto sentido, era mi herencia. Cuando escribí ese libro, no conocía a nadie fuera de mis círculos y no sabía cómo iba a ser recibido. Pero Jim Boice accedió a escribir el prólogo, y John Piper escribió una nota de apoyo que fue impactante para mí, porque la verdad es que yo no me movía en los círculos reformados en aquellos momentos. Era un dispensacionalista con goteras. Ese era mi mundo, y me di cuenta de que era mucho más uno de ustedes que uno de ellos. Así que me impresionó que John escribiera unas palabras tan alentadoras. Y, por supuesto, desde entonces he leído y seguido su ministerio con gozo y gratitud.

Otro de los pequeños momentos claves de mi vida fue cuando tuvimos una reunión en Louisville, y John aceptó la tarea de orar por mí. Fue una bendición que él orara por mí. Nunca lo olvidaré.

Justin Taylor: Estuve mirando esta mañana las fechas de sus padres: el doctor Jack MacArthur, 1914-2005; el doctor Bill Piper, 1919-2007; ambos con casi la misma edad. Los dos tenían doctorados honoríficos de Bob Jones. Los dos eran bautistas y los dos eran evangelistas viajeros. Háblennos de sus ejemplos, de las lecciones que recuerdan de sus padres sobre fe y perseverancia, o cosas en particular que les hayan quedado grabadas y hayan influido en su ministerio y en su vida.

John Piper: Al escucharlo decir eso, me gustaría haber oído hablar al padre de John MacArthur. No creo que lo haya hecho nunca.

Podría hablar eternamente de mi padre. Su principal distintivo como evangelista es que era muy doctrinal. Estaba empapado de la Biblia según la escuela dispensacionalista, pero era muy doctrinal, lo cual lo hacía diferente. Realizó su evangelismo desarrollando la doctrina de la regeneración, o la doctrina del infierno, o la doctrina del cielo o la del arrepentimiento. Esa era su manera de pensar. Y así crecí yo, asumiendo que esa es la manera en la que se maneja la Biblia. Eso es lo que se hace. Incluso si uno hace evangelismo, o es pastor en una iglesia, hay que tomar la Biblia y buscar lo que significa a través de su terreno y su coherencia, y eso es lo que es la realidad. Fue un gran privilegio crecer en un hogar donde mi padre se iba dos o tres semanas. Cruzaba el país en aquellos días durante cinco o seis semanas, volvía a casa cuatro u ocho días, y luego se iba de nuevo. Muchos se enojan porque su padre hace esto o aquello, pero a mí nunca jamás me molestó el ministerio de mi padre, a pesar de que solo estaba en casa la tercera parte del tiempo. A mí me parecía un extraordinario privilegio.

Creo que la clave es que a mi madre le encantaba el ministerio de mi padre. Nunca lo criticó. Nunca dijo: "¿Dónde está? Nunca viene a casa". Nunca escuché cosas de ese tipo. Mientras crecía, asumía que mi padre tenía un llamado en su vida, y así era. Mi trabajo junto con mi madre era el de apoyarlo. Cuando venía a casa, contaba historias de victorias del evangelio. ¿Qué podía haber mejor que eso? También nos contaba chistes. Nos sentábamos a la mesa, y él me contaba el último chiste.

John MacArthur: Creo que lo que más se me quedó grabado, en la parte personal, es lo mucho que mi padre amaba a mi madre. Para mí eso era un tesoro. Aprendí cómo se debe amar a una esposa. Él la amaba, y amaba a sus hijos de una forma única y especial —unas cualidades muy atractivas—. Fue evangelista con la Fundación Fuller, con los evangelistas de Charles E. Fuller que viajaban por todo el país. También fue evangelista en Moody cuando William Culbertson era el presidente. Viajó por todas partes, celebrando reuniones por todo el Medio Oeste y el Este. Se graduó por el Eastern Seminary en Filadelfia, así que tenía todo tipo de conexiones a través del Seminario.

Tuve también ese tipo de experiencia; era un chico que vivía en California con un padre que se iba en tren durante largos períodos de tiempo y celebraba reuniones por toda la ciudad, aquí y allá. Incluso viajó al extranjero un par de veces para reuniones de ese tipo. Y al igual que tú, John, nunca me sentí molesto por ello. Era maravilloso cuando se iba y cuando regresaba a casa.

Pero al final se hizo pastor, y tuve el privilegio de estar bajo su ministerio a partir de la época de escuela secundaria. Él hacía comentarios sobre Mateo, Romanos, Juan, siempre con una inclinación apologética. Se apoyaba mucho en las pruebas buscando la veracidad bíblica, siempre intentaba responder a los críticos, a las personas que no tenían razones para creer en la Biblia. Lo ligaba todo con eso, y eso se convirtió en el énfasis predominante en su ministerio de radio en los últimos años. Participó en el programa radial *Voice of Calvary* por unos sesenta años. Era fiel. Solía empezar el programa tocando la marimba. Tocaba el tema musical al principio y al final, y en medio oraba.

Justin Taylor: ¿Sus padres querían o esperaban que ustedes fueran pastores? Si es así, ¿expresaron ellos este deseo?

John MacArthur: Mi padre nunca me presionó para que fuera pastor. A él le encantaba el ministerio. Le encantaba la iglesia. Amaba a las personas de la iglesia. Le encantaba predicar. Le encantaba leer y estudiar. Era un lector voraz y adoraba su ministerio. Crecí con un hombre que amaba todo lo que hacía, no obstante nunca me presionó porque siempre creyó que solo Dios podía hacer eso, y no quería nublar mi pensamiento. Yo tenía mucho respeto por mi padre, por eso creo que él se alejó bastante de ese tema.

Pero el momento en mi vida llegó a través de un accidente de tránsito. Cuando tenía dieciocho años, salí lanzado fuera de un coche y fui a parar a casi ciento veinte metros de distancia en medio de la autopista, y sobreviví. Pasé tres meses en la cama. Fue en ese momento cuando el Señor se adueñó realmente de mi corazón. Mi padre nunca me presionó, pero una vez que me comprometí, me convertí en su proyecto personal. Y se puso muy serio sobre el tema.

Justin Taylor: ¿Recuerda la conversación que tuvieron cuando usted le contó que había sentido el llamado al ministerio del evangelio?

John MacArthur: No recuerdo la conversación exacta, pero por aquel entonces me regaló una Biblia, y escribió en ella: "Querido Johnny, predica la Palabra. Con amor, papá". Eso era lo que quería decirme: *Predica la Palabra*. Y tuvimos esa conversación sobre 2 Timoteo 4, sobre predicar la Palabra todo el tiempo hasta el final y ser fiel hasta el final. Así había sido su padre, y ese era el objetivo que tenía para su propia vida.

Yo básicamente me dedicaba al fútbol en mis días de escuela secundaria e incluso en los de la universidad. Pero después mi padre me arrastró hacia el seminario. Dijo: "Tienes que ir al seminario. Tienes que ponerte en serio e ir al seminario, y necesitas ir al Seminario Talbot porque ahí está ese tipo llamado Charles Feinberg". ¿Se acuerdan de ese nombre? Era brillante. Estudió catorce años para ser rabino y luego se hizo cristiano. Feinberg tenía dos doctorados. Fue al Seminario de Dallas y se hizo Doctor en Teología, y después fue al Johns Hopkins. Estudió para ser Doctor en Filosofía con William Foxwell Albright, que es un gran arqueólogo del Medio Oriente. Así mi padre hizo un trato con Feinberg para que hiciera de mí su proyecto personal, mientras yo estaba en el seminario.

Feinberg me llamaba a su oficina periódicamente en honor a mi padre. No me decía que lo estuviera haciendo por él, pero yo sabía que mi padre estaba detrás de todo eso, intentando que cambiara mi enfoque mental. Feinberg me daba libros para leer y tenía conversaciones conmigo, hasta fui a su casa. Me hice muy amigo de su hijo Paul y también de su hijo John. Pasábamos mucho tiempo juntos. Tuve que predicar en mi primer año de seminario en la capilla ante todos los estudiantes, y Feinberg eligió el texto. Me dio 2 Samuel 7, la gran promesa davídica. Prediqué sobre "confiar en Dios". Ya saben: "Natán dijo: 'Edifícala', y Dios dijo: 'Natán, no quiero que lo haga él; es un hombre de sangre'", y todo eso. Prediqué sobre confiar en Dios y me equivoqué totalmente con el tema. El tema era el pacto davídico, no "confiar en Dios". Eso era trivial.

Cuando terminé, Feinberg me pasó una nota, escribió en rojo: "Equivocaste totalmente el tema de este pasaje. Pasa por mi oficina". Fui a su oficina, y puedo decir que me hizo trizas como solo él podía hacerlo. Y ¿saben?, esa es la mejor lección que me han dado en mi vida. Dijo: "Reconocer el tema del pasaje es todo lo que se te pedía. Eso era todo lo que se te pedía. No queremos que seas creativo; solo queremos que reconozcas el tema del pasaje".

Cuando Feinberg se fue con el Señor hace algunos años, su familia me llamó para pedirme que hablara en el funeral. Así, pues, supongo que en algún momento, él le dijo a alguien que pensaba que yo había conseguido dar con el tema del pasaje. ¡Ellos se sintieron libres para pedirme que hablara!

Justin Taylor: Doctor Piper, ¿nos puede hablar de cuando escribió una carta a su padre contándole su decisión de entrar en el ministerio pastoral?

John Piper: Que yo recuerde, mi padre nunca me presionó para ser pastor. De hecho, cuando decidí dejar la enseñanza en 1979 y me dispuse a ser pastor, me escribió una carta de página y media para disuadirme, porque tras haber estado en mil iglesias, tenía miedo por mí. Solo dijo: "Has encontrado tu hueco. Yo quería llamarte Peter, pero tu madre no me dejó que te llamara Peter Piper. Te llamamos John, y eso es lo que eres. Eres un tipo tranquilo y reflexivo. No eres un voceador. Y por eso tu lugar está en una clase. Quédate ahí, porque te van a comer vivo en la iglesia". Así era la carta. Pero yo no pude resistirme al llamado, y cuando dije: "Papá, creo que voy a hacerlo de todos modos", él dijo: "Bien. Solo quería estar seguro". Esa fue su manera de afrontar el tema.

Hizo exactamente lo mismo cuando estábamos a punto de adoptar una niña cuando yo tenía cincuenta y cinco años. Dije: "Voy a adoptar una niña". Él me escribió una carta de dos páginas y media disuadiéndome de la adopción. Pensaba que yo ya era demasiado mayor, y que la siguiente fase de mi vida sería más fructífera si no tenía hijos en casa. Medité seriamente en lo que me escribió y lo llamé por teléfono para hablarlo en persona. Pero al final estábamos convencidos de que este era el llamado de Dios para nuestra vida. La primera vez que mi padre vio a Talitha, antes de que cumpliera un año, ella se apoyó en sus brazos y se lo ganó totalmente. Nunca dijo ni una palabra más y la quiere igual que a sus otros nietos.

Así que mi padre, supongo, tenía una manera diferente de animar en el ministerio. Él realmente creía que yo había encontrado mi hueco en la enseñanza, pero estaba equivocado en eso.

Justin Taylor: Si pudieran volver atrás, al momento en que empezó su ministerio pastoral y pudieran hablar con el John Piper de treinta y cuatro años, y el John MacArthur de veintinueve, sabiendo lo que saben ahora, ¿qué creen que sería lo más importante que podrían decirles sobre sus ministerios?

John Piper: Para mí está claro que las cosas más importantes tendrían que ver con mis hijos y mi esposa, y no con la iglesia. No creo que hiciera nada básicamente diferente en Bethlehem. Si lo pienso mucho, podría variar algunas tácticas. Pero creo que llevamos a cabo un ministerio pastoral tan simple que es difícil cambiarlo. Se abre la Biblia y se le cuenta de todo corazón a la congregación lo que significa, intentando que lo vean como algo real. Se van resolviendo los demás asuntos a medida que vayan surgiendo.

Sin embargo, podría haberlo hecho mejor con mi familia. Creo que podría ser mejor padre si empezara de nuevo. Nadie hablaba de "ministrar el corazón de un niño" en aquellos tiempos.[1] Le voy a dar un ejemplo. Rick Gamache es pastor de la iglesia Sovereign Grace, aquí en Minneapolis. Rick dio la clase por mí el jueves pasado y les planteó a los chicos preguntas que él hace a sus propios hijos para saber qué piensan realmente.[2] Leí esas diez preguntas más o menos, las anoté y se las envié a mis cuatro hijos. Todos tienen niños, y no quiero que ellos sean padres tan mediocres como lo fui yo. Creo que fui fiel a mis hijos. Fui a todos sus partidos de fútbol. Los arropé por las noches. Establecí un ejemplo para ellos. Tenía momentos de devoción cada noche. Pero rara vez intenté averiguar cómo era su vida emocional a los trece, catorce o quince. Y creo que eso no les ha ayudado a ser tan efectivos en sus vidas como deberían haberlo sido.

Por todo esto, iría al John Piper de treinta y cuatro y le diría: "Hazlo mejor a la hora de complementar tus auténticos compromisos de conocer mejor a tu mujer y a tus hijos, para que ellos puedan hallar la manera de expresarte lo que realmente sienten, no solo lo que piensan". Creo que fui un poco ingenuo en este asunto, porque en mí las emociones surgen de forma natural. Soy un tipo emotivo. Para mí es fácil expresar mis sentimientos, ya sean positivos o negativos, en cualquier parte. Pero eso no le ocurre a todo el mundo. Hay que sacárselos. Así que esto es lo primero que se me ocurre y me parece muy importante, aun cuando los chicos ya son todos mayores. Todavía tengo a mi hija Talitha, que es un maravilloso regalo. Por eso anoté estas diez frases, porque tiene once años, y para ella no es demasiado tarde.

John MacArthur: Creo que a mí me pasa un poco lo mismo. Había mucho menos introspección espiritual en el evangelismo cuando entré en mi iglesia con veintinueve años. No creo que las personas pensaran mucho en expresar los sentimientos, al menos en el mundo en el que yo vivía. Así que supongo que a mí me pasaba aquello en ese entonces más que en estos últimos años.

No soy un tipo dinámico, agresivo y arrollador, pero estoy muy motivado —no sé si eso es un don natural o un don espiritual— para organizarlo todo. Creo que ahora he dejado salir todo eso y veo que fluye de forma natural y simple en la vida de la iglesia, pero en los primeros años siempre estaba intentando reorganizarlo y estructurarlo todo, moviendo a las personas de un lado para otro. Al final me di cuenta de que no era eso lo que debía hacer, pero supongo que, en cierto modo, ya había pagado el precio con mi familia porque estaba muy atareado estudiando e inventando maneras de estructurarlo todo. No creo que le concediera el tiempo suficiente a mi esposa Patricia; incluso aunque estuviera en casa, estaba preocupado. Intentaba ocuparme de muchas cosas a la vez. El chiste en mi familia era: "Llamando a papá". Agitaban la mano delante de mis ojos... incluso cuando estaba allí. No siempre era fácil captar mi atención, aunque creo que ahora soy mejor en eso. Debería preguntarles a ellos. Espero que sea así.

Creo que respecto a la iglesia, la paciencia fue un reto para mí. Nunca he sido paciente conmigo mismo, en particular cuando era joven y esperaba que todo pasase muy deprisa; me sentía decepcionado si las cosas no ocurrían a la velocidad que yo había previsto. ¿Por qué los demás no pueden darse cuenta? Aquí está; hazlo. Nuestra iglesia es la Grace Community, pero yo tenía problemas con lo de la *gracia*. Afortunadamente, he llegado a comprender eso un poco mejor, y ahora tengo más paciencia con las personas. Le mencioné esto a alguien antes: los pastores deben predicar la Palabra de una manera fuerte y clara, de forma directa y sin concesiones, y después aplicarla con ternura y compasión, siendo misericordiosos y pacientes con las personas. En el púlpito, hay que ser claro, agresivo, firme. Pero cuando uno se baja de él y ministra, en relación a aplicar esas grandes verdades, hay que demostrar paciencia para que sean apreciadas. Uno las ama con el tiempo y las asume de forma gradual. Y eso es algo que tuve que aprender.

Justin Taylor: Ambos han recibido muchos elogios y también muchas críticas. ¿Cómo manejan ambas cosas, la alabanza y la crítica? ¿Cómo evitan caer en el orgullo por una parte o sentirse demasiado desanimados por otra? ¿Cómo se preparan, cuando les hacen un gran elogio o una dura crítica, para responder bíblicamente?

John MacArthur: Todo en sí es misericordia. Mi salvación es por misericordia. No merezco nada de esto. Y siempre me ha sorprendido que Dios haga lo que hace. ¿Quién es adecuado para estas cosas? Creo que simplemente hay que enfrentarlas de forma honesta y realista, en el sentido de que Dios no está obrando según mis habilidades y mis dones, mi capacidad o mi perspectiva. Soy solo una herramienta, un instrumento.

Creo que parte de los beneficios de estar en la misma iglesia tantos años es que se llega a ver cómo se reflejan en ella todas nuestras fortalezas y debilidades. Si uno va de ciudad en ciudad, se puede creer lo que los recortes de prensa dicen de uno, pero si se tiene que vivir de forma continuada en un sitio con fracasos, incompetencias y debilidades de nuestra vida, esto se reflejará en la congregación, en la familia y en los hijos. Creo que hay algo muy real en esto. Ayuda tener una esposa que sabe que los elogios pueden resultar dañinos, porque, sin intentar ser un aguijón en la carne, puede devolverte a la realidad.

Cuando algunos dicen cosas amables sobre mí, sé que están respondiendo a la enseñanza de la Palabra de Dios y a la obra del Espíritu a través de la Palabra. Y doy las gracias. Siempre me sorprende y lo agradezco.

Por otra parte, he decidido hace tiempo no intentar defenderme de las críticas. A decir verdad, no puedo defenderme en algunos casos. No quiero encontrarme en una situación en la que esté tratando de ser modelo de perfección o responder a cada crítica. Todos tenemos debilidades. Tengo errores en mi teología. No sé dónde están. Si lo supiera, los cambiaría. No sé donde están, pero estoy trabajando en ellos. Hace veinticinco años, decidí no defenderme. Intento hacer lo que hago y ser fiel, y dejar que mi vida y ministerio hablen por sí mismos en lugar de ir de un lado para otro tratando de responder a cada crítica o acusación que surge. Comprendo que las haya. No las busco. Si vienen, a veces escribo una carta diciendo: "Gracias por hacer que examine mi corazón. Aprecio lo que dice y quiero que sepa que lo tomo en serio. Gracias". Eso es todo. Es necesario aceptar este tipo de cosas porque son las que nos hacen ser humildes.

John Piper: Solo quiero asegurarme de que se entiendan las dos partes de la palabra *misericordia*. Si llega el elogio, la doctrina de la misericordia soberana de Dios significa que debemos canalizar toda esa alabanza hacia Él, porque sin Él nada tendría significado eterno. La gracia soberana cancela el elogio que me han hecho.

Esto también funciona con la crítica, porque lo que resulta devastador es que parece estropear nuestra rectitud ante Cristo o nuestra utilidad para el ministerio. Y como Dios nos concede el ministerio por su misericordia y nos salva por su misericordia, la crítica no puede hacerlo. No puede. Las personas no pueden cancelar eso porque yo puedo llevarle al Señor no solo lo que me presiona, sino también el peso de mi pecado. Cuando, por ejemplo, alguien se siente culpable por el suicidio de su hijo, o un divorcio o lo que sea, y me preguntan: "¿Debería sentirme culpable?", me parece muy útil responderles que no lo sé y que además no importa. Si pasamos el tiempo intentando averiguar si deberíamos sentirnos culpables, terminaremos siempre en la ambigüedad. Por lo tanto, hay que relajarse y sí, y siéntase culpable, y después habrá que enfrentarse a ello como habrá de ser el día del juicio final, porque prometo que en el día del juicio se sentirá la culpabilidad. Todo saldrá a la luz. El corazón quedará al desnudo. Se quedará sin argumentos. Culpable. Y si no hay solución para ello ahora, puede que tampoco para entonces. Así que hay que relajarse. Somos culpables de todo cargo. Y ahora me arrepiento. Esto es una pequeña porción de una gran simplificación, porque no somos culpables de algunas cosas de las que nos acusan. Por eso, tenemos que tener hermanos a nuestro alrededor.

En Bethlehem estoy rodeado de creyentes que, al menos eso espero, no son del tipo que dice que sí a todo. Hay personal a mi alrededor. Ellos escuchan lo mismo que yo y pueden decirme: "Deberías tener en cuenta eso. Puede ser válido". O pueden decir: "Descarta eso. Nosotros no lo vemos así". Así que tener una comunidad, en realidad, sí importa.

Finalmente, hay una paradoja teológica que los cristianos no quieren escuchar. Pero creo que el Señor obra en mi orgullo permitiéndome que peque mucho. Hay tantas palabras que salen de mi boca dirigidas a mi esposa, tantos sentimientos que tengo por otros, que cuando me enfrento a mí mismo y soy consciente, no sé cómo podría decir lo que dijo Pablo: "...sirvo desde mis mayores con limpia conciencia..." (2 Ti. 1:3). ¿En qué planeta vive este hombre? ¿Está en contacto con la realidad?

John MacArthur: Creo que Pablo lo afrontó. En Romanos 7, dijo: "Hago lo que no quiero hacer y no hago lo que debería hacer, y soy un hombre miserable".

John Piper: Y tenía mala conciencia.

John MacArthur: Sí. Pero se enfrentó a su pecado. No lo acumuló.

John Piper: Y este es el tema que saqué: una vida secreta cultivada de pecado es lo que mata. (Eso no quiere decir que no se pueda pensar o decir alguna vez algo que nos avergüence). De todas formas, lo que quería decir es que cuando me miro a la cara una mañana tras otra, tengo tanto a lo que enfrentarme que no puedo señalar con el dedo a varios lugares. Y así cuando las personas hacen cola para decirme: "Gracias, gracias, gracias", yo sé lo que está pasando en casa. Sé lo que está pasando en mi corazón. Tengo muchas cosas con las que enfrentarme. Solo digo: "Asombroso, asombroso". Como dice John: si alguien se salva, uno solo quiere dar un paso atrás y sentir el trueno.

Justin Taylor: Muchos pastores jóvenes y misioneros los admiran y leen sus libros. Cuando aconsejan a los jóvenes en las misiones, parece que una de las cosas obvias es que las circunstancias a menudo confirman el llamamiento. Y si se es bueno en algo, por lo general esto produce su fruto. Ambos han tenido ministerios increíblemente fructíferos. ¿Qué piensan de temas como la fe o la infructuosidad? Esa persona que está ahí en una pequeña iglesia, en una misión, y pasa un año tras otro sin que haya conversiones, sin fruto aparente. ¿Debería considerar la posibilidad de que no sea ese su don, que necesite alejarse de ello, ya que no se ha producido ningún fruto?, o ¿debería seguir aferrado a ello otros diez, veinte o treinta años?

John MacArthur: Bueno, hay varias formas de responder a esta pregunta. Pero lo primero es decir que los resultados no son cosa mía. Pablo dice: "Si nuestro evangelio se oculta, se oculta a los ojos de los que han sido cegados por Satanás" (cp. 2 Co. 4:4). No se puede superar esto. Aprendí esto siendo jugador de fútbol. Quería ganar el partido. Siempre quería ganar el partido. Únicamente jugaba para eso. No se juega para perder; se juega para ganar. Eso era un hecho. Pero no podía garantizar la victoria, porque había once personas al otro lado que intentaban evitar que yo hiciera lo que quería hacer, y otras diez en mi propio equipo que a veces tampoco hacían lo que tenían que hacer. Estaba más allá de mi capacidad conseguir el fin. Así que, en un momento dado, supe que todo lo que yo podía controlar era el esfuerzo. No podía controlar el resultado.

En mi primer año en la Grace Community Church, utilizaba una especie de lema: "Si te concentras en la *profundidad* de tu ministerio, Dios se hará cargo de su *amplitud*". Mi ministerio no ha cambiado desde ese primer año en esa pequeña iglesia. Para mí, todo lo que hay que hacer es profundizar en las Escrituras y en mi caminar personal con el Señor. La amplitud es algo que hace Dios, y creo que hay que llegar a esta conclusión o si no acabaremos frustrados cuando nos comparemos con todo tipo de personas y situaciones. Eso no quiere decir que si no sucede nada Dios quiera que permanezcamos allí. Puede que quiera que nos traslademos a otra parte. Pero esa es una decisión personal que hay que tomar tras mucho orar y, tal vez, después de consultar a alguien.

Creo que debemos contentarnos con hacer el *esfuerzo* y dejar el *resultado* para el Señor. Ahí es donde vamos a hallar nuestra satisfacción. Ocurre como con todas las demás cosas. Si solo nos satisfacen las cifras, ninguna nos dará la satisfacción total, porque siempre habrá alguien que tenga más, alguien que sea más popular, alguien que sea más conocido. Debemos centrarnos en el tema de ser fieles a aquello para lo que hemos sido llamados. Una vez más, hay que volver a la idea de la misericordia y darse cuenta de que Dios recompensa la fidelidad.

John Piper: Pienso en las historias que escuchamos sobre cristianos como Robert Morrison. Fue el primer misionero protestante a la China. Esperó siete años hasta que consiguió convertir a la primera persona. Lo mismo le ocurrió a Adoniram Judson: también esperó siete años hasta hacer su primera conversión. A David Brainerd le ocurrió lo mismo. Hay unos cuantos tipos de esa clase, y sus historias se cuentan una y otra vez. Lo que se olvida es que uno no decide ir a las misiones pensando si se tendrán los dones para ello. Los dones se verifican antes de partir a ellas. Creo que la función de la iglesia en el descubrimiento de nuestros dones y de nuestro llamamiento es *confirmar los dones*. Y lo que se confirma no es una habilidad ineficaz. Eso no es un don espiritual, creo yo. Un don espiritual es una habilidad con la que nos unge el Espíritu para ser eficaces. El efecto no siempre es la conversión. Es despertar las conciencias. Es profundizar el amor por el Señor. Es corregir el comportamiento de otros.

Lo que les digo a los jóvenes aquí en Bethlehem cuando están tratando de discernir lo que el Señor quiere que hagan es: "Comiencen por hacer lo que más les guste hacer. Oren pidiendo la bendición para ello, y miren a ver lo que los demás confirman. Si están en un grupo pequeño, van a confirmar que ustedes ayudan y aman. Van a confirmar que ustedes son profesores eficaces, o cualquier otra cosa". Así deduzco que estos misioneros adquirieron experiencia haciendo algún tipo de ministerio y que ayudaron a otros. Después creyeron que Dios estaba de su lado y que los utilizará. Luego se van.

Deberíamos darles las gracias a aquellos primeros misioneros por no tener aviones, porque si los hubieran tenido, habrían llegado pronto a casa. Si tuvieran que subirse a un barco y viajar durante seis meses, se aferraría a ello un año, y otro y otro. Puede ser por eso que hoy no tenemos la misma clase de historias, porque es más fácil moverse que antes.

Cuando la Biblia dice que los ancianos deben tener pruebas de fidelidad espiritual y ser "aptos para enseñar" (gr. *didaktios*; 1 Ti. 3:2), no creo que eso signifique ser bueno en lo que se hace y que nadie reciba ayuda. Creo que la prueba de ser apto para enseñar es hacer que se encienda la luz en las personas. Hacer que vean cosas en la Palabra que no habían visto antes. Se cambian los afectos, y los demás confirman que la persona tiene un don.

Eso es lo que me sucedió a mí. Primero enseñé a niños de séptimo en la iglesia Lake Avenue de Pasadena, después a niños de noveno, después vino la clase en la escuela dominical Galilean, después fui ayudante de Griego de William LaSor en el Seminario Teológico Fuller. Y los comentarios comenzaron a llegar: "Te entendemos. No entendemos a LaSor. Haces que esto tenga sentido". Empecé a pensar que tal vez eso es lo que soy. Mi identidad surgió dentro de la comunidad. No se puede ir al bosque para averiguar quién es. Es totalmente ambiguo. Uno se queda en la iglesia y ama a los hermanos, hace lo que le encanta hacer, y de repente empieza a descubrir quién es dentro del contexto de una comunidad.

Justin Taylor: Cuando se sienten desanimados personalmente y con ganas de arrojar la toalla, ¿dónde acuden, bíblicamente hablando? ¿Hay algún pasaje en particular o algún libro al que acuden una y otra vez? ¿Y dónde van fuera de la Biblia? ¿Hay algún autor o libro al que regresan una y otra vez cuando se sienten desanimados o desalentados?

John MacArthur: No suelo ir a ninguna parte. No sé por qué. No soy una persona del tipo melancólico. Simplemente paso a la siguiente responsabilidad. No tengo tiempo para sentarme y sentir pena o sentirme mal. Hay mucho por hacer. Quiero decir, a veces me siento desanimado, pero la siguiente tarea me causa mucha preocupación. Las personas no tienen ni idea de lo que significa predicar semana tras semana, año tras año, década tras década a los mismos creyentes, que han recolectado cada cosa que uno les ha dicho, y después hablar en una capilla de una universidad o en la de un seminario, y trabajar en un libro, etc., etc. Para mí, este es el camino en el que me ha puesto el Señor. No hay tiempo. No tengo tiempo para sentarme. Si tengo ese tipo de momentos, por breves que sean, siempre pienso en el apóstol Pablo. O pienso en alguno de mis héroes personales. Mi mente se va hacia William Tyndale (al que tengo un gran aprecio), que está sentado en prisión a punto de morir y pide a alguien que le traiga aguja e hilo para coser sus pantalones porque tiene frío. He estado llorando ante la tumba de Robert Morrison en la China.

Para mí no es un proceso largo, porque el horario es implacable. Predico un mensaje el domingo por la mañana, otro el domingo por la noche, y suelo dar otro todas las semanas en algún otro de nuestros ministerios. Por todo esto, no creo que tenga tiempo para venirme abajo. Cuando preparo un mensaje, hasta ahora me siento tan lleno de emoción por lo que he aprendido y de ilusión por predicar sobre ello que sobrepasa cualquier cosa que pueda desalentarme. E incluso cuando predico un sermón realmente tonto y todo lo que quiero hacer es esconderme en algún sitio, cuanto antes empiezo a trabajar en el sermón de la semana siguiente mejor, porque dejo este atrás y paso a tener una nueva oportunidad. Para mí se trata de acudir a la Palabra y profundizar en ella para descubrir lo que necesito saber para el siguiente ministerio.

John Piper: Yo probablemente pronuncio la plegaria: "Guárdame y presérvame" tan a menudo como oro cualquier otra oración. Quiero decir: "Mantenme a salvo", porque creo que Dios utiliza medios para hacer que yo persevere. Quiero decir: "Haz que siga en el ministerio". No quiero ser una de esas personas efímeras. Quiero decir: "Que continúe casado". No quiero naufragar en esto. Y quiero decir: "Guárdame". Oro para que "aquel que es poderoso para guardaros..." lo haga (Jud. 24). Oro para recibir esa bendición en gran cantidad. Y que el Señor me perdone.

Les ocurre algo a los hombres cuando pasan por la crisis de la mediana edad. Recuerdo que una vez, cuando tenía cuarenta años, estaba sentado en unas escaleras, en la mitad de las vacaciones, sollozando. Noël bajó y me preguntó:

—¿Qué te pasa?

—No tengo ni idea —dije—, no sé si quiero quedarme. No se si quiero... No tengo ni idea de por qué estoy tan triste.

Esa etapa duró varios años, y el milagro fue que todavía pude trabajar. Estaba escuchando a una autora el otro día. Alguien le preguntó:

—¿Qué es lo mejor de escribir?

Y ella contestó:

—La última página.

Lo mejor de la depresión es la luz al final del túnel. Nadie disfruta de la depresión cuando está inmerso en ella.

Una cosa más respecto a las soluciones. Me he esforzado mucho en desarrollar una teología del sufrimiento. Esta conferencia y el libro existen para responder a esta pregunta. Quiero perdurar. Quiero quedarme. Quiero superar los tiempos de desaliento. Quiero ayudar a otros a no ser ese tipo de persona voluble, insípida, que deja las cosas a medias, que comercia con su vida, que cambia de esposa, que deja trabajo tras trabajo, que cambia constantemente de iglesia. No quiero que nadie sea así, por eso preparé una conferencia (y ahora este libro).

John MacArthur antes nos recordó el sufrimiento interminable del apóstol Pablo.[3] Así que cuando le preguntó por el desaliento, él dijo: "Voy a Pablo". Y yo digo: "Amén. Yo también". Voy a 2 Corintios 1:9: "...tuvimos en nosotros mismos sentencia de muerte, para que no confiásemos en nosotros mismos, sino en Dios que resucita a los muertos". Y me predico esto a mí mismo. Así siento. *Siento que sería muy agradable irme ahora mismo al cielo. Déjame ir al cielo. Noël puede hacerse cargo de Talitha. Todo funcionaría. Déjame ir.* Y en ese momento llega la respuesta: "No. Si tu corazón sigue latiendo, tienes que hacer teología". Me conecto de esa manera. Hago teología. Digo: "Dios abatió a Pablo para que no confiase en sí mismo sino en Aquel que resucitó de la muerte. Quería que él estuviese desesperado. Tú estás desesperado, así que debe haber un propósito para ti". Y me predico mediante la teología del sufrimiento para ser, eso espero, más útil.

Siga trabajando en el tema de la "soberanía de Dios" y del "mal en el mundo". Son grandes temas de la vida. ¿Cómo puede ser Dios soberano y dejar que sucedan tantas cosas malas en el mundo, incluidas las de nuestra vida que nos hacen sentir tan desalentados?

John MacArthur: Creo que no se trata de lo que siento. Se trata de cómo lo proceso dentro de mí, al igual que todas las batallas espirituales, todas las decepciones, todos los sufrimientos, todas las angustias. No lo sé. Trato estos temas de diferente manera. No me puedo imaginar ahí sentado, llorando y sin saber por qué lo estoy haciendo. Pero eso no significa que no sienta los mismos anhelos dentro de mí. Es la manera de procesarlos, creo. La batalla espiritual para mí es igual que para cualquier otra persona. En este momento de mi vida, creo que, en muchos aspectos, estoy aquí porque me he escapado por un pelo. Pero podría haber habido miles de momentos en los que mi vida se podía haber hecho añicos. No voy a decir que eso no sea así o que no soy consciente de ello. Es la manera en que he tratado las cosas lo que es diferente. No sé por qué. Es mi manera de ser.

Justin Taylor: ¿Cómo les gustaría ser recordados? ¿Qué les gustaría que los demás dijeran sobre ustedes cuando hayan muerto? ¿Por qué les gustaría ser recordados?

John MacArthur: John, ¿has pensado en eso alguna vez?

John Piper: Sí, en cada funeral.

John MacArthur: No intento planear mi mundo después de la muerte.

John Piper: No, no se trata de planear. No se planea eso. Pero sí se piensa en ello.

Me gustaría que dijeran que fui humilde, y no creo que lo hagan. Me gustaría que todos mis hijos dijeran que tuve un gran corazón, que fui un padre sensible y comprensivo. Creo que dirán otras cosas. Me gustaría que mi iglesia dijera que estuve allí para ellos realmente. Y no creo que lo digan.

Así que me podría preguntar: "¿Por qué no cambia de estilo de vida?", y la respuesta es que lo intento. Lo he intentado y sigo intentándolo. Pero si ellos dicen que fui un medio para que muchos llegasen a apasionarse por la supremacía de Dios en todas las cosas para el gozo de todos a través de Jesucristo, me sentiría bien si ponen eso en mi tumba. Pablo dijo que lo que dice el hombre no cuenta (cp. Ro. 14:4). El veredicto de una persona no importa. Así que lo que se escriba en mi tumba, sea lo que sea, no tendrá punto de comparación con lo que diga el Juez del último día. Creo que lo que buscará serán pruebas de que yo permanecí unido a Cristo para mi justicia y mi castigo.

Justin Taylor: ¿Les importaría terminar con una oración?

John Piper: Padre que estás en los cielos, sentimos una gran necesidad de ti y amamos tu gracia. Amamos la misericordia.

Amamos que el ministerio nos sea dado por misericordia, que la salvación nos sea dada por misericordia, que nuestro aliento nos sea dado por misericordia, que nuestra soltería nos sea dada por misericordia, que nuestro matrimonio nos sea dado por misericordia, y que nuestros hijos nos sean dados y quitados por misericordia. Somos personas que comen, beben, duermen y respiran misericordia. Y de esa manera será. Te exaltas a ti mismo para mostrar misericordia. Y nosotros somos felices por beneficiarnos de ella mientras tú consigues la gloria, la alabanza y la fama. Nosotros conseguimos el gozo. Por Cristo. Amén.

Notas

Introducción
1. John Piper, "Evangelista Bill Piper: Fundamentalista lleno de gracia y gozo", pronunciado en la Conferencia Deseando a Dios para pastores (5 febrero, 2008); cursivas añadidas. Disponible en la página web www.desiringGod.org.
2. John Murray, *Redemption—Accomplished and Applied* [La rendención: Consumada y aplicada] (Grand Rapids, MI: Eerdmans, 1955), pp. 192-193.
3. Catecismo Mayor de Westminster, respuesta 154.

Capítulo 1: Cuatro elementos esenciales para terminar bien
1. B. B. Warfield, *The Works of Benjamin B. Warfield* [Las obras de Benjamin B. Warfield] (Grand Rapids, MI: Baker, 1031; reimpresión 1991), 10 vols., 7:113.

Chapter 2: Envejecer para gloria de Dios
1. Samuel Zwemer, *Raymond Lull: First Missionary to the Moslems* [Ramón Llull: Primer misionero entre los musulmanes] (New York: Fleming H. Revell, 1902), pp. 132-145.
2. Las siguientes citas proceden de este relato tal como se tradujo y recolectó en *Documents of the Christian Church* [Documentos de la Iglesia cristiana], ed. Henry Bettenson (Oxford University Press, 1967), pp. 9-12.

3. Consultado el 27-9-07 en línea, http://www.iconoculture.com/microsites/boomers/?gclid=COvX07OX5Y4CFSISQQod-x1QKQ.
4. Ralph Winter, "The Retirement Booby Trap" [La trampa del retiro] *Mission Frontiers 7* [Fronteras de la misión 7] (julio 1985): 25.
5. Handley C. G. Moule, *Charles Simeon* (London: The Inter-Varsity Fellowship, 1948, orig. 1892), p. 125.

Capítulo 4: Decisiones diarias acumulativas, valor ante una causa y una vida de perseverancia

1. Eugene H. Peterson, *A Long Obedience in the Same Direction: Discipleship in an Instant Society* [Una larga obediencia en la misma dirección: Discipulado en una sociedad instantánea], edición 20.º aniversario (Downers Grove, IL: InterVarsity Press, 2000).
2. Randy Alcorn, *¿Por qué en favor de la vida?* (Miami, FL: Unilit, 2006).
3. Alex Harris and Brett Harris, *Do Hard Things: A Teenage Rebellion against Low Expectations* [Hacer cosas difíciles: Una rebelión adolescente en contra de las bajas expectativas] (Colorado Springs: Multnomah Books, 2008).
4. Donald S. Whitney, *Spiritual Disciplines of the Christian Life* [Disciplinas espirituales de la vida cristiana] (Colorado Springs: NavPress, 1991).
5. Dallas Willard, *The Spirit of the Disciplines: Understanding How God Changes Lives* [El espíritu de las disciplinas: Entender cómo Dios cambia las vidas] (New York: HarperCollins, 1991), p. 6.

Capítulo 5: Una cosa

1. Para saber más sobre el impresionante valor y la perseverancia de Policarpo, ver el capítulo de John Piper en este libro.
2. Helen H. Lemmel, "Fija tus ojos en Cristo" (1922).
3. Norman J. Clayton, "Now I Belong to Jesus" [Ahora pertenezco a Jesús] (1966).
4. Frederick Brook, "My Goal is God Himself" [Mi meta es Dios], fecha desconocida.
5. Albert Orsborn, 1946–1952, "Let the Beauty of Jesus Be Seen in Me" [Que la belleza de Jesús sea vista en mí]. Orsborn fue General del Ejército de Salvación.
6. Kate B. Wilkinson, "May the Mind of Christ, My Savior" [Que la mente de Cristo, mi Salvador], fecha desconocida, pero anterior a 1913.

Una entrevista con Randy Alcorn, Jerry Bridges, John Piper y Helen Roseveare

1. Ver, por ejemplo, Jerry Bridges, *The Gospel for Real Life* [El evangelio para la vida real] (Colorado Springs: NavPress, 2002).
2. Charlotte Elliot, "Tal como soy" (1835).
3. John Owen, *Overcoming Sin and Temptation* [Superar el pecado y la tentación], ed. Justin Taylor y Kelly Kapic (Wheaton, IL: Crossway Books, 2006).
4. John Owen, *Communion with the Triune God* [Comunión con el Dios trino] ed. Justin Taylor y Kelly Kapic (Wheaton, IL: Crossway Books, 2007).
5. Randy Alcorn, *50 Días del Cielo* (Wheaton, IL, Tyndale Español, 2008).
6. Randy Alcorn, *A salvo en casa* (Miami, FL: Unilit, 2003).
7. Randy Alcorn, *Deadline* [Extinción] (Sisters, OR: Multnomah, 1999).
8. Jerry Bridges, *Pecados respetables* (El Paso, TX: Editorial Mundo Hispano, 2008).

Una entrevista con John Piper y John MacArthur

1. Ver Tedd Tipp, *Shepherding a Child's Heart* [Pastoreando el corazón de un niño] (Wapwallopen, PA: Shepherd Press, 1995).
2. Estas son algunas de las preguntas que nos proporcionó el pastor Gamache:
   ¿Cómo son tus devocionales?
   ¿Qué te está enseñando ahora Dios?
   ¿Qué es el evangelio según tus palabras?
   ¿Hay algún pecado en especial del que seas consciente y para el cual necesites ayuda para vencerlo?
   ¿Qué captas mejor: mi ánimo o mi crítica?
   ¿Qué es lo que más le apasiona a papá?
   ¿Actúo igual en la iglesia que en casa?
   ¿Eres consciente de mi amor por ti?
   ¿He pecado contra ti de alguna manera y no me he arrepentido de ello?
   ¿Tienes alguna observación que hacerme?
   ¿Cómo lo estoy haciendo como padre?
   ¿Cómo te influyen los sermones del domingo?
   ¿Mi relación con mamá te hace desear estar casado?
   (Garmache escribe: "Por encima de todas estas cosas, a mis hijos más

mayores, siempre les estoy preguntando por la relación que tienen con sus amigos y me aseguro de que Dios y su evangelio sean el centro de esas relaciones. También busco cualquier oportunidad para alabar a su madre y aumentar su aprecio y amor por ella").
3. Ver capítulo 3.

Desiring God: Una nota sobre los recursos

Si deseas profundizar en la visión de Dios y en la vida que se presenta en este libro, en Desiring God estaremos encantados de servirte. Tenemos cientos de recursos para ayudarte a madurar en tu pasión por Jesucristo y extender esta pasión a los demás.

En nuestra página web, desiringGod.org, encontrarás casi todo lo que John Piper ha escrito y predicado, incluidos más de treinta libros. Hemos puesto a tu disposición sus más de veinticinco años de sermones totalmente gratis en línea, para que los leas, los escuches, los descargues y, en algunas ocasiones, los veas en línea.

Además, tendrás acceso a cientos de artículos, podrás escuchar nuestro programa de radio diario, saber dónde está participando John Piper, saber sobre sus conferencias, descubrir el trabajo que ha realizado con niños y navegar por nuestra tienda en línea.

John Piper no cobra nada por derechos de autor ni recibe compensación alguna por parte de Desiring God. Todos los fondos se reinvierten en nuestros esfuerzos para extender el evangelio. Desiring God tiene una política de "pague lo que usted se pueda permitir", diseñada para individuos con ingresos limitados. Si deseas más información sobre esta política, haz contacto con nosotros en la dirección y número de teléfono abajo indicados.

Existimos para ayudarte a valorar a Jesucristo y su evangelio por encima de todas las cosas, porque Él se glorifica más en ti cuando tú te sientes más satisfecho en Él. ¡Permítenos saber cómo podemos servirte!

Desiring God
Post Office Box 2901
Minneapolis, Minnesota 55402
USA
Teléfono: 888.346.4700
Correo electrónico: mail@desiringGod.org
En la red: www.desiringGod.org

Incluso los creyentes más fieles pueden pasar por períodos de depresión y oscuridad espiritual cuando la dicha parece estar fuera de su alcance. El autor usa ejemplos de la vida real y sensibles narraciones para mostrar al lector cómo confiar en que Dios lo sacará del hoyo de la desesperación hacia la luz.

Dios es el evangelio

Para el alma hambrienta y sedienta

John Piper

Este libro es una historia desde lo más profundo del corazón del autor. Nos ruega que entendamos que Dios, como fue revelado a través de la muerte y la resurrección de Cristo, es el regalo más grande e importante de todo el evangelio. Todos los dones de Dios son una muestra de su amor porque nos guían hacia sí mismo. Este es el amor auténtico de Dios, su compromiso para hacer todo lo necesario para captarnos con lo que real y profundamente nos satisface: Dios mismo.

CON LA PARTICIPACIÓN DE:
Rick Warren | Francis Chan | R. C. Sproul
R. Albert Mohler Jr. | Thabiti Anyabwile

Pensar.
Amar.
Hacer.

Un llamado a glorificar a Dios
con la mente y el corazón

EDITORES GENERALES
JOHN PIPER
y DAVID MATHIS

Nuestro Salvador mismo nos muestra que el cristianismo holístico se compone de mente, corazón y manos. Él nos enseña también que la vida cristiana es multidimensional: pensar, amar y hacer son conceptos que no se pueden reducir ni separar.

Con las colaboraciones de Francis Chan, Rick Warren, Albert Mohler, R. C. Sproul y Thabiti Anyabwile, *Pensar. Amar. Hacer* extiende una invitación profunda y convincente a experimentar la plenitud de la vida cristiana.

¡MÁS VIVO QUE NUNCA!
QUÉ SUCEDE CUANDO NACEMOS DE NUEVO
JOHN PIPER

El término "nacer de nuevo" es muy preciado y crucial en la Biblia. Y conocer la intención que Dios tiene cuando la Biblia usa ese lenguaje debe ser nuestra preocupación principal, para que por su gracia podamos experimentarlo y ayudar a otras personas a lograr lo mismo. Saber lo que de verdad significa ser nacido de nuevo tiene enormes consecuencias.

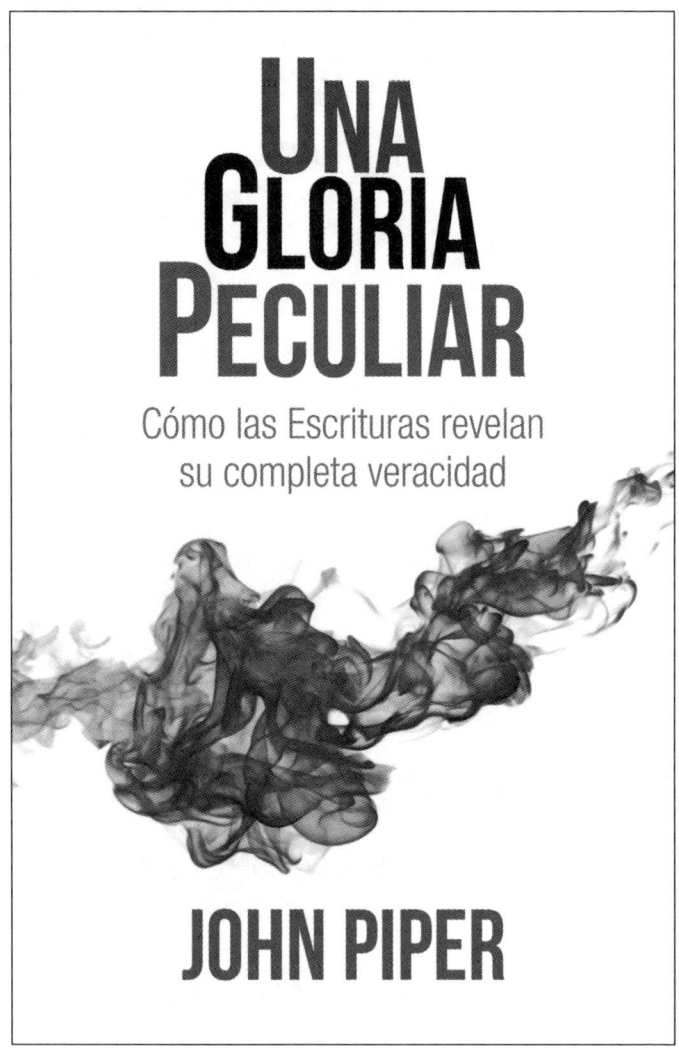

Piper examina la naturaleza auto-autenticadora de la Palabra de Dios y cómo revela su verdad; lo que Cristo y sus apóstoles creyeron acerca de las Escrituras y por qué la gloria de Dios se manifiesta únicamente en el cumplimiento de la profecía, los milagros de Jesús y el sufrimiento gozoso de los cristianos perseguidos.

La predicación cristiana es un medio designado por Dios para transformar a sus oyentes tanto en la mente como en el corazón. Con ejemplos claros de métodos específicos, Piper muestra a los predicadores cómo y qué comunicar desde el púlpito de una manera que toma en serio la tarea de manejar la Palabra de Dios semana tras semana en el contexto de, y como, la adoración cristiana.

EDITORIAL PORTAVOZ

NUESTRA VISIÓN

Maximizar el efecto de recursos cristianos de calidad que transforman vidas.

NUESTRA MISIÓN

Desarrollar y distribuir productos de calidad —con integridad y excelencia—, desde una perspectiva bíblica y confiable, que animen a las personas a conocer y servir a Jesucristo.

NUESTROS VALORES

Nuestros valores se encuentran fundamentados en la Biblia, fuente de toda verdad para hoy y para siempre. Nosotros ponemos en práctica estas verdades bíblicas como fundamento para las decisiones, normas y productos de nuestra compañía.

Valoramos la excelencia y la calidad.
Valoramos la integridad y la confianza.
Valoramos el mérito y la dignidad de los individuos y las relaciones.
Valoramos el servicio.
Valoramos la administración de los recursos.

Para más información acerca de nuestra editorial y los productos que publicamos visite nuestra página en la red: www.portavoz.com.